Was dich in diesem Buch erwartet:

Dieses Buch ist in zwei Abschnitte unterteilt.

1. Buch

Im ersten Abschnitt findest du alle Inhalte des **IHK WiSo** Buches.

2. Digitale Inhalte

Im zweiten Teil erklären wir dir, wie du unseren digitalen **Abschlussprüfung Industriekaufleute** Online Testtrainer nutzen kannst.

Wirtschafts- und Sozialkunde

IHK Prüfungsvorbereitung

Plakos Akademie

19. September 2022

Herausgeber

Plakos GmbH
Vertretungsberechtigter Geschäftsführer: Waldemar Erdmann
Sitz: Willy-Brandt-Allee 31 B, 23554 Lübeck

Website und Kontakt

www.plakos-akademie.de
E-Mail: support@plakos.de

Facebook: plakosDE
YouTube: Plakos Akademie
Instagram: plakos_akademie
TikTok: plakos_akademie

©Plakos GmbH, Lübeck

Alle Rechte vorbehalten. Alle Inhalte sind urheberrechtlich geschützt und dürfen nur mit schriftlicher Genehmigung des Verlages vervielfältigt werden.

Die Inhalte in diesem Buch sind von der Plakos GmbH sorgfältig geprüft worden. Dennoch wird die Haftung der Autoren bzw. der Plakos GmbH und seiner Beauftragten für Vermögens-, Sach- und Personenschäden ausgeschlossen. Es wird keine Garantie übernommen.

Bild- und Druckhinweise:

Sonstige Abbildungen im Buch wurden von Plakos erstellt.

Dieses Buch wurde auf Recyclingpapier sowie klimaneutral gedruckt.

ISBN: 978-3-985251-91-9

Optimale Vorbereitung auf Abschlussprüfungen und Einstellungstests

Generell unterscheiden sich Prüfungen und Einstellungstests dahingehend, für welches später Einsatzgebiet du dich beworben hast oder welche Art der Prüfung du bestehen musst. Die Läng und die Aufgaben lassen sich nicht grundsätzlich verallgemeinern. Trotzdem gibt es oft gewiss Ähnlichkeiten im Aufbau und Ablauf.

Vergleich Einstellungstest vs. Abschlussprüfung: Um Prüfungen oder Einstellungstests erfolg reich zu bestehen, solltest du einige Dinge beachten. Wichtig ist beispielsweise auch das pe sönliche Auftreten. Es handelt sich beim Einstellungstest, im Gegensatz zu einer Abschlussprü fung, nicht um einen reinen Wissenstest. Um einen guten Eindruck zu hinterlassen, empfieh sich daher ein gepflegtes Äußeres. Zudem solltest du dich bei der Vorstellung freundlich un höflich zeigen.

Darüber hinaus unterscheidet sich ein Eignungstest von einer Abschlussprüfung auch in Hinblic auf das Zeitmanagement. Eine Prüfung ist zeitlich darauf ausgelegt, dass alle Fragen beantwo tet werden können. Bei einem Eignungstest ist dies nicht notwendigerweise der Fall. Oft is die Zeit absichtlich zu knapp bemessen. Auf diese Weise sollen das Zeitmanagement und di Stressresistenz überprüft werden. Nicht ohne Grund beobachten in der Regel gleich mehrer Verantwortliche des Unternehmens oder der Behörde den Test bzw. die Prüfung.

Optimale Vorbereitung auf die Prüfung

Wie bei einer Schulprüfung kannst du dich durchaus auch auf die Prüfung für Kaufleute im Ein zelhandel sowie Verkäuferinnen und Verkäufer vorbereiten. Zunächst einmal hilft dir ein kau männisches Verständnis weiter. Je nach Einsatzgebiet kommt zudem ein spezieller Prüfungsbe reich dazu.

Neben den Aufgaben aus der eigentlichen Prüfung sind die sogenannten Soft Skills, wie Kom munikation, Auftreten und die Körpersprache, ebenfalls nicht zu vernachlässigen. Diese spiele bei der Eignung für einen Beruf eine zunehmend wichtige Rolle. All diese Themen lassen sic üben und erlernen. In diesem Buch findest du zahlreiche Übungen, mit denen du dich ganz kor kret auf diese spezielle Prüfung vorbereiten kannst. Wichtig ist hierbei, dass du alle relevante Themen und Aufgaben sorgfältig durcharbeitest. Für eine verbesserte kritische Selbstreflexio der Ergebnisse haben wir Lösungsansätze für die Aufgaben beigefügt.

Bestehe deine Prüfung mit der Plakos-Testtrainer-App!

www.plakos-akademie.de

Zahlreiche interaktive Aufgaben, Übungen und Lösungen

Im Google Play-Store und AppStore von Apple erhältlich

Einfache Navigation zwischen allen Lektionen, Themen und Tests

Bestehe deine Prüfung mit der Plakos-Einstellungstest-App! Mit der Plakos-App hebst du deine Vorbereitung auf ein neues Level! Du profitierst von Lösungswegen und ausführlichen Erklärungen zu jeder Aufgabe. Am Ende bekommst du eine Auswertung deiner
Ergebnisse. Sichere dir jetzt deinen Vorteil gegenüber Anderen! Wähle den gewünschten Bereich aus und melde dich mit deinen Zugangsdaten aus dem Mitgliederbereich der Plakos Akademie an. Es werden dir dann die passenden Übungen für die Prüfung
angezeigt.

www.plakos-akademie.de

Plakos-Online-Testtrainer – die optimale Vorbereitung für dich!

Strukturierter Ablauf, Lösungswege und Kernfortschrittsanzeigen

Kurse und Lektionen abgestimmt auf den jeweiligen Beruf

Lern- und Erklärvideos sowie Experten-Tipps

www.plakos-akademie.de

Tausende Prüflinge üben jährlich ganz konkret mit den Plakos-Online-Testtrainings. Sie gehen anschließend mit mehr Selbstbewusstsein und Wissen in ihre Prüfung. Die Online-Testtrainer gibt es in verschiedenen Preiskategorien für zahlreiche Schul- sowie Studienbereiche und Berufe, wie zum Beispiel im öffentlichen Dienst, im Bereich Gesundheit, Pflege und Soziales oder für technische und kaufmännische
Berufe.

Danksagung

Unser Dank gilt vor allem den Bewerberinnen und Bewerbern, die mit ihren zahlreichen Zuschriften, Erfahrungsberichten und Verbesserungsvorschlägen dieses Buch erst möglich gemacht haben. Vielen Dank für eure Kommentare und Nachrichten auf YouTube und Facebook und anderen Kanälen!

Außerdem bedanken wir uns bei allen internen und externen Mitarbeitern und Mitarbeiterinnen, welche einen wesentlichen Anteil an diesem Buch hatten. Dazu gehören insbesondere Annika Miersen und Anna Krohn.

Inhaltsverzeichnis

Einleitung		1
Grundlagen des Wirtschaftens		2
2.1	Marktarten/Marktformen	2
2.2	Test: Bedürfnisse/ Güterarten	5
	2.2.1 Wirtschaftliche Güter und deren Einteilung	6
	2.2.2 Was in der Abschlussprüfung wichtig sein könnte	6
2.3	Lösungen: Bedürfnisse/ Güterarten	13
2.4	Test: Ökonomisches Prinzip	13
	2.4.1 Ökonomisches Prinzip – was ist das?	14
	2.4.2 Kennzahlen des ökonomischen Prinzips	14
	2.4.3 Einfache Erklärung für ökonomisches Prinzip	14
	2.4.4 Ökonomisches Prinzip in der Kritik	15
	2.4.5 Wie du dich auf die Prüfung vorbereitest	15
2.5	Lösungen: Ökonomisches Prinzip	21
2.6	Test: Produktionsfaktoren	22
	2.6.1 Die Produktionsfaktoren – Definition nach Erich Gutenberg	22
	2.6.2 Produktionsfaktoren von Adam Smith	22
	2.6.3 Beispiele zu den Produktionsfaktoren nach Erich Gutenberg	22
	2.6.4 Der Zusammenhang von dispositiven und elementaren Faktoren	23
	2.6.5 Die Unterteilung der Elementarfaktoren	23
	2.6.6 Kritik an Gutenberg	24
2.7	Lösungen: Produktionsfaktoren	31
2.8	Test: Wirtschaft, Finanzen und Recht	31
2.9	Lösungen: Wirtschaft, Finanzen und Recht	39
2.10	Test: Einflussnahme des Staates auf das Wirtschaftsleben (IHK Prüfungswissen)	39
2.11	Lösungen: Einflussnahme des Staates auf das Wirtschaftsleben (IHK Prüfungswissen)	41
Unternehmerisches Handeln		42
3.1	Rechtsfähigkeit	42
	3.1.1 Rechtsfähigkeit einfach erklärt	42
	3.1.2 Beispiele für die Rechtsfähigkeit	42
	3.1.3 Unterschied zwischen Rechtsfähigkeit und Geschäftsfähigkeit	42
	3.1.4 Rechtsfähigkeit bei juristischen Personen	43
	3.1.5 Ende der Rechtsfähigkeit	43

3.2	Das Steuersystem der Bundesrepublik Deutschland	44
	3.2.1 Steuereinnahmen als Einnahmequelle Deutschlands	44
	3.2.2 Steuerarten	45
	3.2.3 Besitzsteuern	45
	3.2.4 Verkehrssteuern	45
	3.2.5 Verbrauchsteuern	45
	3.2.6 Art der Steuerentrichtung: Direkte und indirekte Steuern	46
	3.2.7 Was sind die wichtigsten Steuerarten?	46
	3.2.8 Einkommensteuer	46
	3.2.9 Körperschaftssteuer	47
	3.2.10 Gewerbesteuer	47
	3.2.11 Umsatzsteuer	47
3.3	Test: Geschäftsfähigkeit/ Rechtsfähigkeit Prüfungsfragen	48
	3.3.1 Beispiele für die Definition	48
	3.3.2 Was unterscheidet die Geschäftsfähigkeit von der Rechtsfähigkeit?	48
	3.3.3 Der Taschengeldparagraph	49
3.4	Lösungen: Geschäftsfähigkeit/ Rechtsfähigkeit Prüfungsfragen	60
3.5	Test: Rechtsformen	60
	3.5.1 Rechtsformen einfach erklärt	60
	3.5.2 Personengesellschaften mit Erklärung	61
	3.5.3 Kapitalgesellschaften mit Erklärung	62
3.6	Lösungen: Rechtsformen	63
3.7	Test: Vertragsarten/ Rechtsgeschäfte	63
	3.7.1 Die verschiedenen Vertragsarten im Überblick	64
	3.7.2 **Kaufvertrag nach § 433 BGB**	64
	3.7.3 **Tauschvertrag nach § 480 BGB**	64
	3.7.4 **Darlehensvertrag nach § 488 BGB**	64
	3.7.5 **Schenkungsvertrag nach § 516 BGB**	64
	3.7.6 **Mietvertrag nach § 535 BGB**	65
	3.7.7 **Pachtvertrag nach § 581 BGB**	65
	3.7.8 **Leihvertrag nach § 598 BGB**	65
	3.7.9 **Sachdarlehensvertrag nach § 607 BGB**	65
	3.7.10 **Dienstvertrag nach § 611 BGB**	66
	3.7.11 **Werkvertrag nach § 631 BGB**	66
3.8	Lösungen: Vertragsarten/ Rechtsgeschäfte	71
3.9	Test: Recht Grundwissen	72
3.10	Lösungen: Recht Grundwissen	76
4	**Arbeitsrecht und Soziale Sicherung**	**77**
4.1	Jugendarbeitsschutzgesetz und Mutterschutz	77
4.2	Ausbildungsvertrag (IHK Prüfung)	80
4.3	Das duale Ausbildungssystem	81
4.4	Test: Willenserklärung (IHK Prüfungswissen)	82
4.5	Lösungen: Willenserklärung (IHK Prüfungswissen)	85

4.6		Test: Arbeitsrecht (IHK Prüfungswissen)	85
4.7		Lösungen: Arbeitsrecht (IHK Prüfungswissen)	87
4.8		Test: Das duale Ausbildungssystem	87
4.9		Lösungen: Das duale Ausbildungssystem	92

5 Preisbildung und Wettbewerb 93

5.1		Test: Preisbildung - Angebot und Nachfrage	93
	5.1.1	Angebot und Nachfrage einfach erklärt	93
	5.1.2	Definition von Angebot und Nachfrage	93
	5.1.3	Angebot, Nachfrage und Preis	94
	5.1.4	Das Zusammenspiel von Angebot und Nachfrage	94
	5.1.5	Faktoren, die sich auf die Nachfrage auswirken	94
	5.1.6	Faktoren, die sich auf das Angebot auswirken	94
5.2		Lösungen: Preisbildung - Angebot und Nachfrage	100

6 Steuern 101

6.1	Test: Kaufmännische Steuerung und Kontrolle	101
6.2	Lösungen: Kaufmännische Steuerung und Kontrolle	106
6.3	Test: Mehrwertsteuer	106
6.4	Lösungen: Mehrwertsteuer	110

7 Volkswirtschaftliche Gesamtrechnung 111

| 7.1 | Test: Einflussgrößen Wirtschaft | 111 |
| 7.2 | Lösungen: Einflussgrößen Wirtschaft | 114 |

8 Der Betrieb 115

| 8.1 | Die Struktur des Berufsbildungssystems | 115 |

1 Einleitung

Einstellungstest erfolgreich bestehen

Die Plakos GmbH hat bereits tausende Bewerberinnen und Bewerber mit Büchern, Online Kursen und Apps auf Einstellungstests, Prüfungen und Assessment Center vorbereitet. Die an gesehenen Online-Tests von Plakos wurden millionenfach absolviert. Dieses Buch dient zur um fassenden Vorbereitung auf einen Einstellungstest.

Hinweis: Im Buch findest du lediglich eine Auswahl an Testaufgaben. Zur umfassenden Vorbe reitung empfehlen wir dir zusätzlich unseren thematisch passenden Online Testtrainer mit we teren Aufgaben.

Dein Feedback ist uns wichtig!

Sollten dir Fehler in diesem Buch auffallen oder solltest du unzufrieden mit den Inhalten ode einem unserer Produkte sein, so schreibe uns gerne eine E-Mail an support@plakos.de. Wir ant worten schnellstmöglich! Antworten auf häufig gestellte Fragen findest du auch auf der Web seite plakos-akademie/kundenservice/.

Hinweis: Aus Gründen der Lesefreundlichkeit haben wir weitgehend auf Gendering verzichtet Die gewählte Personenform gilt wertfrei für alle Geschlechter.

Grundlagen des Wirtschaften

1.1 Marktarten/Marktformen

Marktarten und Marktformen

In der Marktwirtschaft wird überall dort vom "Markt" gesprochen, wo ein Angebot und eine Nachfrage zusammentreffen. Zudem wird der Markt geprägt vom Informationsaustausch zwischen Anbieter und Nachfrager, der Preisbildung und dem Zugang zum Markt für Anbieter und / oder Nachfrager. Die Unterschiede der Marktarten, Markformen und Marktypen werden durch verschiedene Aspekte festgelegt. Die Gesamtheit der Märkte wird wiederum als Marktwirtschaft bezeichnet.

Welche Marktarten gibt es und wonach werden sie unterschieden?

Die Marktarten werden nach verschieden Aspekten unterschieden.

1. Vollkommenheit der Märkte

Als vollkommener oder homogener Markt wird ein Modell bezeichnet, das in der Realität grund-legend nicht vorkommt. Bei dem Modell wird vorausgesetzt, dass ein Markt als vollkommen anzusehen ist, wenn er

- vollständige Konkurrenz (Polypol)
- volle Transparenz (Übersicht über den Markt)
- sofortige Reaktionen auf Veränderungen am Markt (z.B. in Bezug auf die Preisentwicklung)
- vollständige Akzeptanz durch den Nachfrager (fehlende Präferenz, Ausgangspunkt von gleichen Bedürfnisse)
- keine Qualitätsunterschiede bei den Gütern (homogene Güter)

aufweist.

In der Realität sind jedoch alle Märkte sogenannte "unvollkommene Märkte", was bedeutet, dass ein Markt nicht alle Aspekte durchgängig bedienen kann. So fehlt beispielsweise die vollständige Akzeptanz der Nachfrager, weil jeder Konsument / Käufer eigene Vorlieben und Bedürf-nisse besitzt. Zudem gibt es bei den Gütern stets Qualitätsunterschiede, wodurch das Angebot keine homogenen Güter aufweist.

2. Marktarten nach räumlichen Aspekten

Nach räumlichen Aspekten werden Märkte unterschieden, die sich auf festgelegte Bereiche be-schränken. Dies kann je nach Zuordnung eine Stadt, ein Land oder die ganze Welt betreffen.

- Kommunaler Markt (eine Kommune/Stadt, z.B. Hamburg)
- Regionalmarkt (eine bestimmte Region, z.B. Westerwald, Bundesland)
- Nationalmarkt (auf ein Land beschränkt, z.B. Deutschland)
- Supranationaler Markt (z.B. EU-Binnenmark, ausschließlich innerhalb der Europäischen Union)
- Globaler Markt (die ganze Erde)

3. Marktarten nach zeitlicher Begrenzung

Manche Marktarten finden nur zu bestimmten Zeiten statt oder sind an bestimmte zeitliche Voraussetzungen geknüpft. Hierzu zählen

- der Wochenmarkt
- der Saisonmarkt (Herbstmarkt, Frühlingsfest mit Markt)
- der Jahrmarkt (z.B. Kirmes)

4. Marktarten mit räumlichen und zeitlichen Aspekten

Manche Märkte sind von speziellen Orten und Zeiten abhängig, um Angebot und Nachfrage zusammenzubringen. Sie werden als zentralisierte Märkte bezeichnet. Hierzu zählen z.B. Auktionen oder die Börse.

Dezentralisierte Märkte bezeichnen im Gegenzug dazu Märkte, bei denen Angebot und Nachfrage weder zeitlich noch räumlich aneinander treffen. Hierzu zählen der Lebensmittelmarkt oder der Textilmarkt.

Markttypen

Während sich Marktarten über den Ort und die Zeit unterscheiden lassen, zu denen Angebot und Nachfrage zusammenkommen, unterscheiden sich Markttypen entsprechend den Möglichkeiten von Angebot und Nachfrage bzw. Anbieter und Nachfrager.

1. Markttypen nach Zugangsmöglichkeit für Anbieter und Nachfrager

Markttypen können als offene oder geschlossene Märkte Angebot und Nachfrage zusammenbringen. Auf einem offenen Markt kann jeder als Nachfrager oder Anbieter auftreten. Ein geschlossener Markt richtet sich ausschließlich an spezielle Nachfrager und / oder Anbieter, die festgelegte Voraussetzungen erfüllen.

2. Markttypen nach Beeinflussung durch den Staat

Märkte, bei denen der Handel ohne Eingriff des Staates erfolgen, werden als freie Märkte bezeichnet. Das bedeutet, dass der Markt ohne Einflüsse selbst im Rahmen von Angebot und Nach-frage Handel treiben darf. Übernimmt der Staat eine Regulierung von Angebot und Nachfrage, wird von regulierten Märkten gesprochen. Dies kann beispielsweise durch Gesetze für Höchst-preisgrenzen oder die Begrenzung von Mengen geschehen.

3. Markttypen nach Art des Angebotes

Richtet sich die Unterscheidung von Markttypen nach der Art des Angebotes, handelt es sich um den umgrenzten Handel für eine Art / Gruppe von Sachgütern oder Leistungen.

Beispiele für Markttypen nach Angebot:

- Warenmarkt mit Sachgütern
- Grundstücksmarkt (Markt mit Grundstücken)
- Arbeitsmarkt (Arbeitskräfte und Arbeitgeber als sowohl Anbieter als auch Nachfrager)
- Dienstleistungsmarkt (z.B. Handwerk, IT u.a.)
- Gesundheitsmarkt (Arztpraxen, Apotheken oder Sanitätshäuser sowie Patienten als Anbieter bzw. Nachfrager)
- Kreditmarkt (Handel mit Geldmitteln, kurzfristig und langfristig)

Marktformen

Marktformen unterscheiden sich nach der Anzahl von Anbietern und Nachfragern als Marktteilnehmer. Das Verhältnis zwischen Anbietern und Nachfragern zeigt die Marktmacht, mit welcher Anbieter bzw. Nachfrager Einfluss auf das Marktgeschehen nehmen. Dieser Einfluss prägt unter anderem den Preis. Die Hauptarten der Marktformen sind das Monopol, das Oligopol und das Polypol.

Monopol

Das Monopol stellt ein Anbieter, der alleine das Angebot für viele Nachfrager bietet. Gibt es weniger Nachfrager zu den Waren / Dienstleistungen eines einzelnen Anbieters, spricht man von einem beschränkten Monopol. Besteht bei einem Anbieter auf dem Markt zudem nur ein Nachfrager, entsteht ein zweiseitiges Monopol.

Oligopol

Stehen wenige Anbieter vielen Nachfragern auf dem Markt zur Verfügung, wird die Marktform Oligopol genannt. Besteht der Markt aus wenigen Nachfragern, die durch wenige Anbieter beliefert werden, liegt ein zweiseitiges Oligopol vor. Ist nur ein Nachfrager vorhanden, der zwischen wenigen Anbietern wählen kann, wird die Marktform als beschränktes Nachfragemonopol bezeichnet.

Polypol

Die verbreitetste Variante unter den Marktformen ist das Polypol. Das Polypol steht in der Marktwirtschaft dabei immer im Sinn der umfassenden Konkurrenz. Dabei stehen viele Nachfrager am Markt einer großen Anzahl von Anbietern gegenüber. Stellen viele Anbieter das Angebot für wenige Nachfrager zur Verfügung, wird dies Nachfrageoligopol oder Oligopson genannt. Haben viele Anbieter das Angebot für einen einzelnen Nachfrager, heißt die Marktform Nachfragemonopol oder Monopson.

2.2 Test: Bedürfnisse/ Güterarten

Güter dienen zur Bedürfnisbefriedigung der Menschen. Sie weisen **unterschiedliche Eigenschaften** auf und werden daher in Güterarten eingeteilt, die Thema der Abschlussprüfung vor der IHK sein könnten. Zuerst werden die **freien und die wirtschaftlichen Güter** unterschieden. Freie Güter sind in großen Mengen vorhanden und sollten daher von jedem kostenlos nutzbar sein. Dabei ist zu beachten, dass die freien Güter nicht an jedem Ort der Welt vorhanden sind. Meerwasser ist beispielsweise nur in den Küstengebieten ein freies Gut, da es in anderen Regionen nicht vorhanden ist. Ein ausführlicher Inhalt zu den freien Gütern wird bei der Prüfung nicht verlangt. Du solltest jedoch bei den **wirtschaftlichen Gütern die Unterscheidung in verschiedene Güterarten und deren Definition kennen.**

2.2.1 Wirtschaftliche Güter und deren Einteilung

In der schriftlichen oder mündlichen Abschlussprüfung musst du die Definition und die Einteilung der wirtschaftlichen Güter in Güterarten kennen.

Wirtschaftliche Güter werden von Unternehmen hergestellt und zum Verkauf angeboten. Sie sind daher nicht kostenlos verfügbar. Bei den wirtschaftlichen Gütern werden materielle und immaterielle Güter unterschieden. **Materielle Güter** sind stofflich vorhanden und in physischer Form erwerbbar. Sie werden daher auch als Sachgüter bezeichnet. Die materiellen Güter werden wiederum in verschiedene Güterarten unterteilt. Mit kleinen Veränderungen kann ein Gut, das einer Güterart zugeordnet wird, in eine andere Güterart eingeordnet werden. So können beispielsweise aus Produktionsgütern Konsumgüter werden. Für die Einteilung in Güterarten kann auch der Standort relevant sein. Stehen die Güter beispielsweise in einer Lagerhalle für die Produktion, handelt es sich um Produktionsgüter. Werden sie jedoch in einem Supermarkt zum Kauf angeboten, sind es Konsumgüter.

Zusätzlich werden Güterarten in **komplementäre Güter und in Substitutionsgüter** unterschieden. Komplementäre Güter sind unabhängig voneinander und können sich gegenseitig ergänzen. **Substitutionsgüter sind durch andere Güter ersetzbar.** So kannst du beispielsweise zum Braten in der Pfanne sowohl Margarine als auch Öl verwenden.

Schließlich gibt es noch **immaterielle Güter**, die **nicht in physischer Form erwerbbar** sind. Bei den immateriellen Gütern handelt es sich um **Dienstleistungen oder um Rechte.**

2.2.2 Was in der Abschlussprüfung wichtig sein könnte

In der Abschlussprüfung **solltest Du über die verschiedenen Güterarten Bescheid wissen.** In der **schriftlichen Prüfung** kann **eine Skizze** verlangt werden, mit der du die **Einteilung der wirtschaftlichen Güter in die verschiedenen Güterarten** vornimmst.
Eine Auswahl an Beispielen kann vorgegeben sein, die du den verschiedenen Güterarten zuordnen musst. Ausführliche Erklärungen mit Beispielen sind häufig Inhalt der mündlichen Ab-

schlussprüfung.

Für diesen Test hast Du 15 min Zeit. Tipp: Oft zielen die Tests darauf ab, zu beobachten, ob Du auch unter Zeitdruck und Stress konzentriert und genau arbeiten kannst. Lass Dich also nicht aus der Ruhe bringen!

Halte Dich nicht zu lange bei einer Aufgabe auf, die Du nicht verstehst. Überspringe und markiere Dir diese und schau am Ende, wenn Du noch genug Zeit hast, einmal darüber.

🮲 WAS IST ZU TUN?

Teste hier dein Wissen zu dem Themenbereich Bedürfnisse und Güterarten.

1. Zu welchen Güterarten zählen Dienstleistungen?

   ○ a) freie Güter

   ○ b) Konsumgüter

   ○ c) Produktionsgüter

   ○ d) immaterielle Güter

   Wie sind freie Güter verfügbar?

2. ○ a) gegen Geld

   ○ b) im Tauschgeschäft gegen ein anderes Gut

   ○ c) kostenlos

   ○ d) gegen Zeit

   Bei welcher der Güterarten handelt es sich um ein Konsumgut?

3. ○ a) Kartoffeln, aus denen in einem Unternehmen Instant-Kartoffelbrei hergestellt wird.

   ○ b) Kartoffeln, die im Supermarkt angeboten werden.

   ○ c) Kartoffelstärke, die in einem Hotel in der Küche verarbeitet wird.

   ○ d) Kartoffeln, die in einem landwirtschaftlichen Betrieb zu Forschungszwecken verwendet werden.

   Bei welchen der folgenden Güterarten handelt es sich um Substitutionsgüter?

4. ○ a) Süßstoff und Zucker

   ○ b) Kartoffeln und Salz

   ○ c) Kühlschrank und Strom

   ○ d) Auto und Benzin

   In welchem Fall handelt es sich um Produktionsgüter zum Verbrauch?

5. ○ a) PC in einem Werkstattbüro

   ○ b) Druckerpatronen für ein Verlagslektorat

   ○ c) Kaffeeautomat in der Cafeteria einer Verwaltung

   ○ d) Betriebsstoffe für einen Pkw-Hersteller

   ○ e) Arbeitskleidung der Mitarbeiter einer Kfz-Werkstatt

   Welches Beispiel kennzeichnet ein Individualbedürfnis?

6. ○ a) Krankenpflege in Krankenhäusern

   ○ b) Bildung in den Schulen

   ○ c) Sicherheit durch Ordnungskräfte

   ○ d) die eigene berufliche Karriere

   ○ e) Erholung in Freizeiteinrichtungen

   Welche Voraussetzung muss für das Vorhandensein eines Bedürfnisses gegeben sein?

7. ○ a) Preiswerte Güter

   ○ b) Mangelempfinden

   ○ c) Kaufkraft

   ○ d) Überschaubarkeit des Marktes

   ○ e) Einkommen

   Welche der folgenden Reihenfolgen für die Konkretisierung eines Kaufwunsches trifft zu?

Grundlagen des Wirtschaftens

8. ○ a) Bedürfnisse – Nachfrage – Bedarf

   ○ b) Nachfrage – Bedarf – Bedürfnisse

   ○ c) Bedürfnisse – Bedarf – Nachfrage

   ○ d) Nachfrage – Bedürfnisse – Bedarf

   ○ e) Bedarf – Nachfrage – Bedürfnisse

   ○ f) Bedarf – Bedürfnisse – Nachfrage

Bei welchem der unten stehenden Güterpaaren handelt es sich um Substitutionsgüter?

9. ○ a) Warenregal/ Waren

   ○ b) Lieferwagen eines inländischen Herstellers/ Lieferwagen eines ausländischen Herstellers

   ○ c) Handy/ Ladekabel fürs Handy

   ○ d) Druckbleistift/ Mine

Ein Architekt entwirft das Traumhaus für einen privaten Bauherrn. Um welche Güterart handelt es sich?

10. ○ a) Konsumgut

    ○ b) Produktionsgut

    ○ c) freies Gut

    ○ d) immaterielles Gut

Dennis geht zum Bankberater und lässt sich über Möglichkeiten für den Vermögensaufbau beraten.
Er muss dafür bezahlen. Welche Güterart nimmt er in Anspruch?

11. ○ a) immaterielles Gut

    ○ b) Sachgut

    ○ c) Produktionsgut

    ○ d) freies Gut

Welches der vorgestellten Güter ist ein Produktionsgut zum Verbrauch?

Grundlagen des Wirtschaftens

12. ○ a) Arbeitskleidung für die Mitarbeiter in einem Elektronik-Unternehmen
    ○ b) Tonerkartuschen für einen Laserdrucker im Büro eines Autohauses
    ○ c) Betriebsstoffe für einen Autohersteller
    ○ d) Kaffeeautomat im Pausenraum eines Produktionsbetriebs

    Wie werden Güter bezeichnet, die einander ähnlich sind und die sich gegenseitig ersetzen können?

13. ○ a) freie Güter
    ○ b) Komplementärgüter
    ○ c) immaterielle Güter
    ○ d) Substitutionsgüter

    Wie werden Güter bezeichnet, die voneinader abhängig sind und sich gegenseitig ergänzen?

14. ○ a) freie Güter
    ○ b) Komplementärgüter
    ○ c) immaterielle Güter
    ○ d) Substitutionsgüter

    Bei welchen der folgenden Güter handelt es sich um Komplementärgüter?

15. ○ a) Waschmaschine und Strom
    ○ b) Eiscreme und Kuchen
    ○ c) Arbeitskleidung und Druckerpatronen
    ○ d) Laserdrucker und Tonerkartuschen

    Bei welcher der folgenden Güterarten handelt es sich nicht um ein Produktionsgut?

16. ○ a) Eine Ware, die in einem Supermarkt angeboten wird.

   ○ b) Ein Stoff, der bei der Herstellung eines Konsumguts verbraucht wird.

   ○ c) Ein Produkt, das während der Herstellung eines Konsumguts nicht verbraucht wird.

   ○ d) Ein Hilfsstoff, der zur Produktion von Konsumgütern erforderlich ist.

   In einem Restaurant werden Tomaten zur Zubereitung eines Salats benötigt. Um welche Güterart

   handelt es sich in diesem Fall bei den Tomaten?

17. ○ a) Konsumgut

   ○ b) immaterielles Gut

   ○ c) Produktionsgut

   ○ d) freies Gut

   Frau Schubert hat eine Agentur und schreibt Werbetexte. Um welches Gut handelt es sich bei ihrer Tätigkeit?

18. ○ a) Sachgut

   ○ b) immaterielles Gut

   ○ c) Produktionsgut

   ○ d) freies Gut

   Julia ist Töpferin und bietet ihre Töpferwaren in ihrem Atelier an. Um welche Güterart handelt es sich bei den Töpferwaren?

19. ○ a) Produktionsgüter

   ○ b) Dienstleistungen

   ○ c) Konsumgüter

   ○ d) freie Güter

   Die Töpferin Alex bietet Töpferkurse in ihrem Atelier an. Zu welcher Güterart gehören die Töpferkurse?

Grundlagen des Wirtschaftens

20. ○ a) Dienstleistung

    ○ b) Patent für Innovationen

    ○ c) Gebrauchsrecht

    ○ d) freie Güter

    Gerhard geht zum Friseur und lässt sich die Haare schneiden. Welche Dienstleistung nimmt er in Anspruch?

21. ○ a) technische Dienstleistung

    ○ b) finanzielle Dienstleistung

    ○ c) personenbezogene Dienstleistung

    ○ d) betriebsbezogene Dienstleistung

    Richard nimmt einen Kredit von der Bank in Anspruch, da er sich ein Motorrad kaufen möchte. Um

    welche Güterart handelt es sich bei dem Kredit?

22. ○ a) Konsumgut

    ○ b) immaterielles Gut

    ○ c) freies Gut

    ○ d) Produktionsgut

    Was drückt den Wert eines Gutes aus?

23. ○ a) Geld

    ○ b) Zeit

    ○ c) ein vergleichbares Gut

    ○ d) die Größe

    In einem Produktionsbetrieb muss eine Maschine durch eine Fremdfirma repariert werden. Um welches Gut handelt es sich bei der Reparatur?

24.
   a) immaterielles Gut
   b) freies Gut
   c) Konsumgut
   d) Produktionsgut

   Bei welcher der Güterarten handelt es sich um ein Produktionsgut?

25.
   a) Olivenöl, das in einem Restaurant zur Bereitung eines Salats genutzt wird
   b) Olivenöl, das in einem Supermarkt verfügbar ist
   c) Kirschen, die in einer Allee an den Bäumen reifen
   d) Oliven im Supermarktregal

2.3 Lösungen: Bedürfnisse/ Güterarten

Aufgabe	Lösung	Aufgabe	Lösung	Aufgabe	Lösung
1.	d)	2.	c)	3.	b)
4.	a)	5.	d)	6.	d)
7.	b)	8.	c)	9.	b)
10.	d)	11.	a)	12.	c)
13.	d)	14.	b)	15.	a)
16.	a)	17.	c)	18.	b)
19.	c)	20.	a)	21.	d)
22.	b)	23.	a)	24.	a)
25.	a)				

Lösungen der Auswahl-Fragen.

2.4 Test: Ökonomisches Prinzip

Ein Thema der Abschlussprüfung vor der IHK bei einer kaufmännischen Ausbildung kann das **Wirtschaftlichkeitsprinzip** sein. Es wird auch als **ökonomisches Prinzip** bezeichnet. Zu den schriftlichen Prüfungsfragen kann eine **Definition des ökonomischen Prinzips** gehören. Gegenstand der mündlichen Abschlussprüfung können die Ansätze und die Kennzahlen des ökonomischen Prinzips sein.

2.4.1 Ökonomisches Prinzip – was ist das?

Als ökonomisches Prinzip wird das Wirtschaftlichkeitsprinzip bezeichnet. Es geht darum, **knappe Ressourcen effizient einzusetzen.** In der Prüfung kann eine Erklärung dazu gefordert werden. Während bei den Bedürfnissen der Menschen keine Grenzen bestehen, sind die Ressourcen nicht unbegrenzt verfügbar. Das ökonomische Prinzip trägt diesem Grundsatz Rechnung, da es um ein wirtschaftlich rationelles Handeln aller Wirtschaftssubjekte geht.

2.4.2 Kennzahlen des ökonomischen Prinzips

Die **wichtigsten Kennzahlen** des ökonomischen Prinzips sind

- **Rentabilität:** wird in Prozent angegeben und auch als Rendite bezeichnet. Die Rentabilität kann als Kapitalrentabilität das Verhältnis der Rendite zum Kapitaleinsatz oder als Umsatzrentabilität das Verhältnis des Gewinns zum Umsatz ausdrücken.
- **Effizienz** oder Wirtschaftlichkeit: Verhältnis von Ertrag zum Aufwand oder vom Gewinn zu den Kosten
- **Produktivität:** Verhältnis von Ausbringung zu Einsatz oder Output zu Input.

2.4.3 Einfache Erklärung für ökonomisches Prinzip

Bei der Prüfung vor der IHK ist Verständnis für das ökonomische Prinzip gefragt. Verstehst du das Prinzip, kannst du auch in der mündlichen Abschlussprüfung eine einfache Erklärung abgeben.

Für das ökonomische Prinzip gilt folgende Erklärung:
Da die Güter knapp sind, ist es wichtig, ein **günstiges Verhältnis zwischen den verfügbaren Ressourcen und dem Ergebnis** zu finden. Die Bedürfnisse von Unternehmern und Kunden können steigen, während die verfügbaren Güter immer weiter zurückgehen. Unternehmen streben eine Gewinnmaximierung, Konsumenten eine Nutzenmaximierung an. Ansätze für das ökonomische Prinzip sind **Minimalprinzip, Maximalprinzip und Extremumprinzip.**
Das **Minimalprinzip** wird auch als Sparsamkeitsprinzip bezeichnet. Es gilt, das **vorgegebene Ziel mit minimalem Aufwand** zu erreichen.
Das **Maximalprinzip** wird auch als Ergiebigkeitsprinzip bezeichnet. Aus den **vorgegebenen Einsatzfaktoren** gilt es, den **größtmöglichen Ertrag** zu erwirtschaften.
Das **Extremumprinzip** wird auch Optimumprinzip genannt. Es umfasst Merkmale des Minimalprinzips und des Maximalprinzips. Einsatzfaktoren und das zu erreichende Ziel sind nicht vorgegeben. Mit möglichst **geringem Einsatz soll ein möglichst hoher Ertrag** erzielt werden. Wichtig ist ein **vernünftiges Verhältnis zwischen Input und Output.**

2.4.4 Ökonomisches Prinzip in der Kritik

Kannst du eine gute Erklärung für das ökonomische Prinzip abgeben, ist es auch sinnvoll, wenn du auf die **Kritik des Prinzips** eingehst. Auch bei den Aufgaben in der schriftlichen Prüfung könnte gefragt werden, warum das ökonomische Prinzip in der Kritik steht. Gegenstand der Kritik ist die Aussage, dass jedes Wirtschaftssubjekt rational handelt. Das ist in der Realität jedoch nicht gegeben. Kein Konsument entscheidet ohne Einschränkungen voreingenommen. Eine wichtige Rolle spielen die Vorlieben und Bedürfnisse. Konsumenten entscheiden sich häufig für eine teurere Variante oder für eine bekannte und renommierte Marke.

2.4.5 Wie du dich auf die Prüfung vorbereitest

Thema der schriftlichen und mündlichen Abschlussprüfung vor der IHK kann das ökonomische Prinzip sein. Du kannst dich auf einschlägigen Online-Portalen gut darauf vorbereiten. Dort sind viele leicht verständliche Erläuterungen vorhanden. In dem Unternehmen, in dem du deine Ausbildung absolvierst, solltest du dich informieren, wie dort das ökonomische Prinzip umgesetzt wird und welche Ansätze dort angewendet werden.

Fazit: Ökonomisches Prinzip – leicht erklärbar

Wird das ökonomische Prinzip in der Abschlussprüfung gefragt, kannst du erläutern, dass es darauf ankommt, **aus den knappen Ressourcen möglichst hohe Erträge zu erzielen**. Es gibt verschiedene Ansätze für das Wirtschaftlichkeitsprinzip, die du anhand von Beispielen erläutern kannst.

Für diesen Test hast Du insgesamt 15 min Zeit. Tipp: Oft zielen die Tests darauf ab, zu beobachten, ob Du auch unter Zeitdruck und Stress konzentriert und genau arbeiten kannst. Lass Dich also nicht aus der Ruhe bringen!

Halte Dich nicht zu lange bei einer Aufgabe auf, die Du nicht verstehst. Überspringe und markiere Dir diese und schau am Ende, wenn Du noch genug Zeit hast, einmal darüber.

WAS IST ZU TUN?

Teste hier dein Wissen zum Themenbereich Ökonomisches Prinzip. Je Frage gibt es eine richtige Antwort.

Grundlagen des Wirtschaftens

1. Worum geht es beim Maximalprinzip?

   ○ a) Ein Ziel mit so wenig Aufwand wie möglich erreichen

   ○ b) Mit einer vorhandenen Menge an Material so viele Produkte wie möglich herzustellen

   ○ c) Mit einer vorhandenen Menge an Material die Produkte möglichst günstig herzustellen

   ○ d) Mit möglichst viel Aufwand ein Ziel erreichen

   Ein Verpackungshersteller hat nur eine begrenzte Menge an Pappe und muss daraus möglichst viele Schuhkartons herstellen. Um welche Art des ökonomischen Prinzips handelt es sich?

2. ○ a) Extremumprinzip

   ○ b) Maximalprinzip

   ○ c) Optimumprinzip

   ○ d) Minimalprinzip

   Ein Bekleidungshersteller muss für die neue Kollektion 1.000 Damenblusen herstellen und hat nur wenig Stoff zur Verfügung. Um welche Art des ökonomischen Prinzips handelt es sich?

3. ○ a) Minimalprinzip

   ○ b) Optimumprinzip

   ○ c) Extremumprinzip

   ○ d) Maximalprinzip

   Was ist das Ziel des Minimalprinzips?

4. ○ a) Mit einer begrenzten Menge an Material so viele Produkte wie möglich herstellen

   ○ b) Eine bestimmte Menge an Produkten mit so wenig Material wie möglich herstellen

   ○ c) Das vorhandene Material gut ausnutzen und viele Produkte herstellen

   ○ d) Möglichst viel Material für eine bestimmte Menge an Produkten verbrauchen

   Welche Variante gehört nicht zum ökonomischen Prinzip?

5. ○ a) Risikoprinzip

   ○ b) Extremumprinzip

   ○ c) Maximalprinzip

   ○ d) Minimalprinzip

   Welche der Kennzahlen gehört nicht zum ökonomischen Prinzip?

6. ○ a) Produktivität

   ○ b) Wirtschaftlichkeit

   ○ c) Rentabilität

   ○ d) Fremdkapitalquote

   Welches Ziel beinhaltet das Maximalprinzip?

7. ○ a) Ein Schuhhersteller möchte für 100 Paar Schuhe so wenig Leder wie möglich verbrauchen

   ○ b) Eine Tischlerei will für 1.000 Euro so viel Holz wie möglich kaufen

   ○ c) Ein Elektroartikel-Hersteller muss in einer Woche 1.000 Elektroherde herstellen

   ○ d) Ein Kraftfahrer soll für 1.000 Kilometer so wenig Kraftstoff wie möglich verbrauchen

   Welche Aussage für das ökonomische Prinzip ist richtig?

8. ○ a) Beim Maximalprinzip ist das Ziel vorgegeben

   ○ b) Beim Maximalprinzip ist der Einsatz vorgegeben

   ○ c) Beim Minimalprinzip ist der Einsatz vorgegeben

   ○ d) Beim Minimalprinzip sind Ziel und Einsatz vorgegeben

   Welche Aussage für das ökonomische Prinzip ist richtig?

9. ○ a) Beim Minimalprinzip ist das Ziel vorgegeben

   ○ b) Beim Minimalprinzip ist der Einsatz vorgegeben

   ○ c) Beim Maximalprinzip ist das Ziel vorgegeben

   ○ d) Ziel und Einsatz sind beim Maximalprinzip vorgegeben

Grundlagen des Wirtschaftens

Die Umsatzrentabilität gehört zu den Kennziffern des ökonomischen Prinzips. Welche Bezeichnung wird dafür auch noch verwendet?

10. ○ a) Eigenkapitalrentabilität

    ○ b) Eigenkapitalrendite

    ○ c) Unternehmensrentabilität

    ○ d) Umsatzrendite

Was drückt die Umsatzrentabilität aus?

11. ○ a) Den Anteil der Umsatzerlöse am Gewinn

    ○ b) Den Anteil des Eigenkapitals am Umsatz

    ○ c) Den Anteil des Gewinns an den Umsatzerlösen

    ○ d) Den Anteil des Gewinns am Wareneinsatz

Die Eigenkapitalrentabilität eines Unternehmens beträgt 30 Prozent. Welche Aussage steckt hinter dieser Zahl?

12. ○ a) Das Eigenkapital ist zu 30 Prozent liquide

    ○ b) Der Gewinn beträgt 30 Prozent des Gesamtkapitals

    ○ c) Der Gewinn beträgt 30 Prozent des Fremdkapitals

    ○ d) Der Gewinn beträgt 30 Prozent des Eigenkapitals

Welcher Sachverhalt steht für das Minimalprinzip?

13. ○ a) Ein Unternehmen möchte für 1.000 Euro möglichst viele Flyer für eine Werbekampagne drucken

    ○ b) Ein Unternehmen muss mit möglichst wenig Kosten 1.000 Flyer für eine Werbekampagne drucken

    ○ c) Ein Unternehmen hat 1.000 Euro zur Verfügung und soll eine Werbekampagne starten

    ○ d) Ein Unternehmen muss für 1.000 Euro eine Werbekampagne effizient gestalten

Ein Unternehmen hat sich künftig vorgenommen, für alle seine gestellten Ziele Kosten einzusparen. Welches Prinzip liegt vor?

14. ○ a) Maximalprinzip

    ○ b) Optimumprinzip

    ○ c) Risikoprinzip

    ○ d) Minimalprinzip

    Ein Unternehmen will künftig seine Ressourcen noch besser ausnutzen, doch will es bei der Qualität der Erzeugnisse keine Kompromisse eingehen. Welches Prinzip liegt vor?

15. ○ a) Minimalprinzip

    ○ b) Maximalprinzip

    ○ c) Extremumprinzip

    ○ d) Risikoprinzip

    Ein Bauunternehmen muss Malerarbeiten in fünf Häusern ausführen. Es führt eine Ausschreibung durch, um einen Subunternehmer zu finden, der am billigsten ist. Welches Prinzip liegt vor?

16. ○ a) Extremumprinzip

    ○ b) Minimalprinzip

    ○ c) Maximalprinzip

    ○ d) Optimumprinzip

    Ein Unternehmen durchlebt einen finanziellen Engpass und muss seine vorgegebenen Ziele erreichen, aber Kosten sparen. Um welche Form des ökonomischen Prinzips handelt es sich?

17. ○ a) Optimumprinzip

    ○ b) Risikoprinzip

    ○ c) Maximalprinzip

    ○ d) Minimalprinzip

    Das ökonomische Prinzip wird unter anderem beschrieben durch das ...

Grundlagen des Wirtschaftens

18. ○ a) Minimalprinzip

    ○ b) Minimaxprinzip

    ○ c) Optimumprinzip

    ○ d) Vorteilsprinzip

    Das ökonomische Prinzip wird unter anderem beschrieben durch das ...

19. ○ a) Maximalprinzip

    ○ b) Minimaxprinzip

    ○ c) Optimumsprinzip

    ○ d) Vorteilsprinzip

    Ein Unternehmen muss Mitarbeiter entlassen und hat statt vorher 20 nur noch 12 Mitarbeiter zur Verfügung. Diese Mitarbeiter sollen so viel wie möglich produzieren. Welches ökonomische Prinzip liegt vor?

20. ○ a) Optimumprinzip

    ○ b) Maximalprinzip

    ○ c) Minimalprinzip

    ○ c) Extremumprinzip

    In welchem Fall wird das Maximalprinzip angewendet?

21. ○ a) Der Chef stellt Sarah ein Budget von 2.000 Euro zur Verfügung, mit dem sie ein Event so gut und umfangreich wie möglich gestalten soll

    ○ b) Sarah muss ein Event für das Unternehmen organisieren und für die Bewirtung und Unterhaltung von 200 Personen möglichst wenig Kosten verbrauchen

    ○ c) Sarah muss ein Event organisieren und das vorhandene Budget bestmöglich ausnutzen. Bei der Qualität darf sie keine Kompromisse eingehen.

    ○ d) Sarah muss ein Event organisieren. Beim Budget sind ihr keine Grenzen gesetzt.

    Um welches Prinzip handelt es sich, wenn ein Ziel vorgegeben ist, das es mit möglichst wenigen

    Mitteln zu erreichen gilt?

22.
- a) Risikoprinzip
- b) Kostenprinzip
- c) ökonomisches Prinzip
- d) Aufwandsprinzip

Beim Grundsatz "Unter Einsatz von gegebenen Mitteln soll ein größtmöglicher Ertrag erzielt werden" handelt es sich um das ...

23.
- a) Minimalprinzip
- b) Maximalprinzip
- c) Minimaxprinzip
- d) Optimumprinzip

Beim Grundsatz "Ein bestimmter Ertrag soll mit möglichst geringem Mitteleinsatz erzielt werden" handelt es sich um das ...

24.
- a) Maximalprinzip
- b) Minimalprinzip
- c) Minimaxprinzip
- d) Optimumprinzip

2.5 Lösungen: Ökonomisches Prinzip

Aufgabe	Lösung	Aufgabe	Lösung	Aufgabe	Lösung
1.	b)	2.	b)	3.	a)
4.	b)	5.	a)	6.	d)
7.	b)	8.	b)	9.	a)
10.	d)	11.	c)	12.	d)
13.	b)	14.	d)	15.	c)
16.	b)	17.	d)	18.	a)
19.	a)	20.	b)	21.	a)
22.	c)	23.	b)	24.	b)

Lösungen der Auswahl-Fragen.

2.6 Test: Produktionsfaktoren

Güter müssen zunächst von den Unternehmen produziert werden. Hierzu müssen bestimmte Faktoren eingesetzt, und sinnvoll miteinander kombiniert werden.

Es wird bei den klassischen Produktionsfaktoren unter anderem in volkswirtschaftliche und betriebswirtschaftliche Produktionsfaktoren unterschieden.

Dispositive Faktoren	Originäre Faktoren		
	Ausführende Arbeit	Betriebsmittel	Werkstoffe
Zielsetzung	körperliche Arbeit	Gebäude	Hilfsstoffe
Planung	geistige Arbeit	Anlagen	Rohstoffe
Entscheidung	gelernte Arbeit	Kassen	Handelswaren
Organisation	ungelernte Arbeit	Computersysteme	Fertigteile
Kontrolle		Landeneinrichtung	Betriebsstoffe

2.6.1 Die Produktionsfaktoren – Definition nach Erich Gutenberg

In der Prüfung vor der IHK kann die **Definition der Produktionsfaktoren nach Erich Gutenberg** gefragt werden. Sie lautet folgendermaßen:

Produktionsfaktoren sind Güter und Leistungen, die zur Herstellung anderer Güter und zur Erbringung anderer Leistungen erforderlich sind. Die Produktionsfaktoren werden in elementare und dispositive Faktoren eingeteilt. Zu den elementaren Faktoren gehören objektbezogene menschliche Arbeit, Betriebsmittel und Werkstoffe, während die dispositiven Faktoren Planung, Organisation und die irrationale Wurzel als Instinkt des Führungspersonals umfassen.

2.6.2 Produktionsfaktoren von Adam Smith

Die **Produktionsfaktoren von Adam Smith beziehen sich auf die volkswirtschaftliche Ebene** und wurden von Erich Gutenberg auf die betriebswirtschaftliche Ebene erweitert.
Zu den ursprünglichen Produktionsfaktoren für die Volkswirtschaft nach Adam Smith gehören Arbeit, Boden, Kapital und Wissen.

2.6.3 Beispiele zu den Produktionsfaktoren nach Erich Gutenberg

In der Abschlussprüfung vor der IHK solltest du die **Produktionsfaktoren nach Erich Gutenberg mit Beispielen belegen**:

Elementare Faktoren

- objektbezogene menschliche Arbeit (Wickeln der Spulen für einen Transformator)
- Betriebsmittel (Boden, Gebäude, Anlagen, Maschinen, die zur Durchführung der Produktion benötigt werden)
- Werkstoffe (Kupfer als Rohstoff, Öl zum Schmieren als Hilfsstoff, um die Produktion durchzuführen)

Dispositive Faktoren

- Planung (rationaler Aspekt der Unternehmensführung, beispielsweise Planung des finanziellen Budgets, Planung des Materialeinkaufs)
- Organisation (Strukturierung und korrekte Gestaltung von Abläufen im Betrieb, beispielsweise Organisation der Produktion von Transformatoren)
- irrationale Wurzel (unternehmerischer Instinkt des Führungspersonals. Verschiedene Entscheidungen sind nicht rational vertretbar. Der Unternehmer muss sich in solchen Fällen auf sein Bauchgefühl verlassen.)

2.6.4 Der Zusammenhang von dispositiven und elementaren Faktoren

Die dispositiven Faktoren repräsentieren im Unternehmen die **planerische und operative Verwendung der Elementarfaktoren**. Sie sind für die optimale Kombination aller Faktoren erforderlich. Bei den **dispositiven Faktoren** handelt es sich **immer um immaterielle Güter**. Sie bilden die Basis für den laufenden Prozess und für die Inbetriebnahme neuer Linien. Solche Zusammenhänge lassen sich in der Prüfung gut mit einem Beispiel erläutern. In Übungen zur Vorbereitung auf die Prüfung findest du solche Beispiele.

2.6.5 Die Unterteilung der Elementarfaktoren

In der schriftlichen Prüfung bei der IHK kann eine Unterteilung der Elementarfaktoren zu den Aufgaben zählen. Du musst die Elementarfaktoren nennen und erläutern oder eine Übersicht dazu anfertigen.
Die Elementarfaktoren werden auf **verschiedenen Ebenen** unterschieden. Die **unterste Ebene bilden alle verwendeten Materialien und die Arbeit.** Dabei werden Werkstoffe unterschieden, bei denen es sich um **Rohstoffe** handelt, die direkt in das Produkt eingehen, sowie **Hilfsstoffe**, **Betriebsstoffe** und **Betriebsmittel**. Zu den Betriebsmitteln gehören die **materielle Infrastruktur mit Werkhallen**, **Gebäuden** und **Kapital** sowie immaterielle Voraussetzungen wie Rechte, Patente und das für die Produkte erforderliche Know-how. Die Betriebsmittel bilden in Verbindung mit Arbeit die Potentialfaktoren. Alle im laufenden Betrieb verbrauchten und umgewandelten Faktoren sind die Verbrauchsfaktoren, die identisch mit den Werkstoffen sind.

2.6.6 Kritik an Gutenberg

Das Modell von Gutenberg wird kritisiert, da es **speziell auf Industriebetriebe zugeschnitten** ist. Das kannst du in der mündlichen Abschlussprüfung erwähnen. Die Wertschöpfung erfolgt auch in der Dienstleistungsbranche.

Für diesen Test hast Du insgesamt 15 min Zeit.

Tipp: Oft zielen die Tests darauf ab, zu beobachten, ob Du auch unter Zeitdruck und Stress konzentriert und genau arbeiten kannst. Lass Dich also nicht aus der Ruhe bringen! ⍰

Halte Dich nicht zu lange bei einer Aufgabe auf, die Du nicht verstehst. Überspringe und markiere Dir diese und schau am Ende, wenn Du noch genug Zeit hast, einmal darüber.

⍰ WAS IST ZU TUN?

Teste hier Dein Wissen zum Thema Produktionsfaktoren. Je Frage ist eine Antwort möglich.

1. Zu den Betriebsmitteln gehören unter anderem ...

    ○ a) ...Rohstoffe.

    ○ b) ...Computersysteme.

    ○ c) ...Hilfsstoffe.

    ○ d) ...kreative Arbeit.

    ○ e) ...Ladeneinrichtung.

    Betriebsstoffe gehören zu den ...

2. ○ a) ...ausführenden Arbeiten.

    ○ b) ...Betriebsmitteln.

    ○ c) ...Werkstoffen.

    ○ d) ...dispositiven Faktoren.

    Hilfsstoffe gehören zu den ...

3.
- ○ a) ...Betriebsmitteln.
- ○ b) ...Werkstoffen.
- ○ c) ...dispositiven Faktoren.
- ○ d) ...ausführenden Faktoren.

Handelswaren sind im Rahmen von betriebswirtschaftlichen Produktionsfaktoren ...

4.
- ○ a) ...Betriebsmittel.
- ○ b) ...Werkstoffe.
- ○ c) ...ausführende Faktoren.
- ○ d) ...dispositive Faktoren.

Rohstoffe sind im Rahmen von betriebswirtschaftlichen Produktionsfaktoren ...

5.
- ○ a) ...dispositive Faktoren.
- ○ b) ...ausführende Faktoren.
- ○ c) ...Betriebsmittel.
- ○ d) ...Werkstoffe.

Bezogene Fertigteile sind im Rahmen von betriebswirtschaftlichen Produktionsfaktoren ...

6.
- ○ a) ...Betriebsmittel.
- ○ b) ...Werkstoffe.
- ○ c) ...dispositive Faktoren.
- ○ d) ...ausführende Faktoren.

Gebäude sind im Rahmen von betriebswirtschaftlichen Produktionsfaktoren ...

7.
- ○ a) ...Werkstoffe.
- ○ b) ...Betriebsmittel.
- ○ c) ...ausführende Faktoren.
- ○ d) ...dispositive Faktoren.

Grundlagen des Wirtschaftens

Organisation ist im Rahmen von betriebswirtschaftlichen Produktionsfaktoren ...

8. ○ a) ...ein dispositiver Faktor.
   ○ b) ...ein ausführender Faktor.
   ○ c) ...ein Betriebsmittel.
   ○ d) ...ein Werkstoff.

Geistige Arbeit ist im Rahmen von betriebswirtschaftlichen Produktionsfaktoren ein ...

9. ○ a) ...dispositiver Faktor.
   ○ b) ...ausführender Faktor.
   ○ c) ...Betriebsmittel.
   ○ d) ...Werkstoff.

Ladeneinrichtung ist im Rahmen von betriebswirtschaftlichen Produktionsfaktoren ein ...

10. ○ a) ...dispositiver Faktor.
    ○ b) ...ausführender Faktor.
    ○ c) ...Betriebsmittel.
    ○ d) ...Werkstoffe.

Welcher dieser Produktionsfaktoren ist dispositiv?

11. ○ a) Boden
    ○ b) Kapital
    ○ c) Planung

Welche Produktionsfaktoren gelten im Handel?

12. ○ a) Ware, Standort, Mitarbeiter und Arbeit
    ○ b) Ware, Standort, Betriebsmittel und Mitarbeiter
    ○ c) Ware, Standort, Boden und Mitarbeiter
    ○ d) Dispositiver Faktor, Standort, Ware und Mitarbeiter

Grundlagen des Wirtschaftens

Welche der folgenden Begriffsreihen ist dem Produktionsfaktor Arbeit zuzuordnen?

13. ○ a) körperliche und geistige Arbeit
    ○ b) Arbeitsräume und Ausstattung
    ○ c) Arbeitsmittel, Werkzeuge, Hilfsmittel
    ○ d) Planung, Organisation

Was sind historische Produktionsfaktoren?

14. ○ a) Arbeit, Kapital, Ware
    ○ b) Ware, Boden, Standort
    ○ c) Arbeit, Kapital, Boden
    ○ d) Arbeit, Boden, Mitarbeiter

Was ist der dispositive Faktor?

15. ○ a) die Bedingungen des Standortes eines Unternehmens
    ○ b) die Ware eines Unternehmens
    ○ c) die Betriebsmittelerweiterung eines Unternehmens
    ○ d) die Unternehmensleitung

Was ist die Kombination von Produktionsfaktoren?

16. ○ a) Wenn die Mitarbeiter im Vordergrund stehen.
    ○ b) Wenn die Betriebsmittel im Vordergrund stehen.
    ○ c) Das Zusammenwirken der Produktionsfaktoren unter Berücksichtigung der Leistung eines Unternehmens.
    ○ d) Die gewollte Senkung der Kosten.

Was ist die Substitution von Produktionsfaktoren?

17. a) Der Austausch der Produktionsfaktoren untereinander, wenn beispielsweise ein Mitarbeiter durch eine Maschine ersetzt wird.
    b) Der Einkauf von Produktionsverfahren, wenn alte Maschinen durch neue ersetzt werden.
    c) Der Wegfall von Produktionsverfahren, wenn beispielsweise eine Maschine ausgesondert wird.
    d) Der Verkauf einer Ware durch einen Mitarbeiter.

Welcher der Produktionsfaktoren gehört nicht zum dispositiven Faktor?

18. a) objektbezogene menschliche Arbeit
    b) Entscheidungsfähigkeit des Führungspersonals
    c) Betriebsorganisation
    d) Planung

Welcher der Produktionsfaktoren gehört nicht zu den Elementarfaktoren?

19. a) Organisation
    b) objektbezogene menschliche Arbeit
    c) Betriebsmittel
    d) Werkstoffe

Wie kann ein Landwirt die Produktivität des Bodens ermitteln?

20. a) Ausbringungsmenge Güter : Ausbringungsmenge Arbeit
    b) Produktionsfaktor Boden: Ausbringungsmenge Güter
    c) Ausbringungsmenge Güter: Produktionsfaktor Boden
    d) Produktionsfaktor Boden: Produktionsfaktor Planung

Was kann ein Grund sein, der zur Erhöhung der Arbeitsproduktivität (Produktionsfaktor Arbeit) gehört?

21. a) Zufriedenheit mit der Arbeit

    b) Verschleiß von Maschinen

    c) schlechte Planung

    d) Einsatz wenig qualifizierter Mitarbeiter

Welcher der folgenden Begriffe kann dem Produktionsfaktor Kapital zugeordnet werden?

22. a) Aktien, die sich im privaten Besitz eines Mitarbeiters befinden

    b) Bürogebäude

    c) Arbeitskraft eines Mitarbeiters

    d) Maschinen und Werkzeuge

Was gehört zum Produktionsfaktor Boden?

23. a) Traktoren, landwirtschaftliche Flächen, Minen

    b) landwirtschaftliche Flächen, Gewässer, Minen, Wälder

    c) Wälder, Forstfahrzeuge, menschliche Arbeitskraft

    d) landwirtschaftliche Flächen, Seen, menschliche Arbeitskraft

Welche drei Kategorien machen den Produktionsfaktor Boden aus?

24. a) Anbauboden, Abbauboden, Standortboden

    b) Standortboden, Baugrund, Abbauboden

    c) Sandboden, Kiesboden, Abbauboden

    d) Zuwachsboden, Standortboden, Abbauboden

In Indien wird sich in den nächsten 10 Jahren Prognosen zufolge die Kapitalproduktivität verdoppeln. Wahrscheinlich steigt aber die Exportquote nur schwach.

Welche Folgen hat das für das Land?

25.
- a) Rückgang der Arbeitslosigkeit
- b) wachsende Arbeitslosigkeit
- c) sinkende Arbeitsproduktivität
- d) höhere Bodenproduktivität

Was ist die Produktivität?

26.
- a) Das wertmäßige Verhältnis zwischen Einsatzmenge und Ausbringungsmenge innerhalb einer Zeiteinheit.
- b) Die Ausbringungsmenge in einem Unternehmen.
- c) Die Einsatzmenge in einem Unternehmen.
- d) Das mengenmäßige Verhältnis zwischen der Einsatzmenge und er Ausbringungsmenge pro Zeiteinheit.

Welche Teilproduktivitäten gibt es in der Volkswirtschaft?

27.
- a) primäre Produktivität, sekundäre Produktivität, tertiäre Produktivität
- b) Kapitalproduktivität, Bodenproduktivität, Arbeitsproduktivität
- c) Planungsproduktivität, Organisationsproduktivität, Arbeitsproduktivität
- d) Leistungsproduktivität, Vermögensproduktivität, Kapitalproduktivität

Wie wird die Arbeitsproduktivität berechnet?

28.
- a) Ausbringungsmenge Güter : Produktionsfaktor Arbeit
- b) Produktionsfaktor Güter : Produktionsfaktor Arbeit
- c) Produktionsfaktor Arbeit : Ausbringungsmenge Güter
- d) Ausbringungsmenge Arbeit : Ausbringungsmenge Güter

Was ist durch steigende Produktivität möglich oder wahrscheinlich?

29. ○ a) sinkende Löhne für die Arbeitnehmer

   ○ b) verlängerte Arbeitszeit für die Arbeitnehmer

   ○ c) verkürzte Arbeitszeit für die Arbeitnehmer

   ○ d) Erhöhung der Preise der hergestellten Waren

   Sandra arbeitet im Einkauf eines Bekleidungsherstellers und muss für die Herstellung der neuen Kollektion Damenjacken 10.000 Reißverschlüsse bestellen.

   Um welchen Produktionsfaktor handelt es sich bei der Aufgabe von Sandra?

30. ○ a) Kapital

   ○ b) Planung

   ○ c) Betriebsmittel

   ○ d) objektbezogene menschliche Arbeit

2.7 Lösungen: Produktionsfaktoren

Aufgabe	Lösung	Aufgabe	Lösung	Aufgabe	Lösung
1.	b)	2.	c)	3.	b)
4.	b)	5.	d)	6.	b)
7.	b)	8.	a)	9.	b)
10.	c)	11.	c)	12.	b)
13.	a)	14.	c)	15.	d)
16.	c)	17.	a)	18.	a)
19.	a)	20.	c)	21.	a)
22.	b)	23.	b)	24.	a)
25.	b)	26.	d)	27.	b)
28.	a)	29.	c)	30.	d)

Lösungen der Auswahl-Fragen.

2.8 Test: Wirtschaft, Finanzen und Recht

Im Folgenden wird dein Grundwissen im Bereich Wirtschaft, Finanzen und Recht geprüft.

Grundlagen des Wirtschaftens

1. Wo ist das Jedermannsrecht heute noch weit verbreitet?

   ○ a) Skandinavien

   ○ b) Osteuropa

   ○ c) Südeuropa

   ○ d) Balkan

   Was ist ein Gewohnheitsrecht?

2. ○ a) Ein ungeschriebenes Recht, das nicht durch Gesetzgebung zustande kommt.

   ○ b) Ein geschriebenes Recht, das nach einer andauernden Anwendung Gesetz wird.

   ○ c) Ein Recht, das nicht mit Gesetzen gleichberechtigt ist.

   ○ d) Es ist kein Recht im eigentlichen Sinn, sondern nur eine gesellschaftliche Vereinbarung.

   Was ist ein positives Recht?

3. ○ a) ein vom Menschen gesetztes Recht

   ○ b) ein Gesetz, das positive Auswirkungen hat

   ○ c) ein von der Natur gesetztes Recht

   ○ d) ein Gesetz, das negative Auswirkungen hat

   Welche Frage wirft der Begriff der Rechtsgeltung auf?

4. ○ a) Die Frage nach der Gültigkeit von Gesetzen.

   ○ b) Die Frage nach der Verurteilung aufgrund von Gesetzen.

   ○ c) Die Frage der Wiedergutmachung durch Gesetze.

   Wer prägt den Begriff des Gewaltmonopols eines Staates?

5. ○ a) Max Weber

   ○ b) Emile Durkheim

   ○ c) Karl Marx

   ○ d) Jürgen Habermas

Wo sind die Quellen des antiken römischen Rechts gesammelt?

6. ○ a) Corpus Iuris Civilis

   ○ b) Carpe Diem

   ○ c) Magna Carta

   ○ d) Codex maximus

Was wird im Individualarbeitsrecht geregelt?

7. ○ a) Das Verhältnis zwischen Arbeitgeber und Arbeitnehmer.

   ○ b) Das Verhältnis zwischen Auftraggeber und Auftragnehmer.

   ○ c) Das Verhältnis zwischen Gewerkschaften und Arbeitgeberverbänden.

   ○ d) Gesundheitliche Aspekte einer Beschäftigung.

Wer untersteht der Jurisdiktion des Europäischen Gerichtshofs für Menschenrechte?

8. ○ a) Alle Mitglieder des Europarats.

   ○ b) Alle Mitglieder der EU.

   ○ c) Alle Mitglieder der UNO.

   ○ d) Alle Staaten, die sich selbst dazu verpflichtet haben.

Wo hat der Europäische Gerichtshof für Menschenrechte seinen Sitz?

9. ○ a) Straßburg

   ○ b) Brüssel

   ○ c) Den Haag

   ○ d) Luxemburg

Welche unternehmerische Kennzahl ist in der Regel höher – Gewinn oder Umsatz?

Grundlagen des Wirtschaftens

10. ○ a) Das ist abhängig vom Steuersatz des jeweiligen Unternehmens

    ○ b) Der Gewinn

    ○ c) Gewinn und Umsatz bezeichnen das Selbe, so sind beide gleich hoch.

    ○ d) Der Umsatz

Was ist unter der Liquidität eines Unternehmens zu verstehen?

11. ○ a) die Ausgaben des Unternehmens

    ○ b) die Einnahmen des Unternehmens

    ○ c) die Kreditwürdigkeit des Unternehmens

    ○ c) die Zahlungsfähigkeit des Unternehmens

In welchem europäischen Staat ist die Wirtschaftskraft pro Kopf gegenwärtig am höchsten?

12. ○ a) Schweden

    ○ b) Norwegen

    ○ c) Luxemburg

    ○ d) Deutschland

Welches sind die wichtigsten Einnahmequellen öffentlicher Haushalte?

13. ○ a) Sozialabgaben und Steuern

    ○ b) Spenden

    ○ c) Bußgelder

    ○ d) Gebühren

Wie viele Unternehmen sind im DAX gelistet?

14. ○ a) 20

    ○ b) 25

    ○ c) 40

    ○ d) 35

Grundlagen des Wirtschaftens

Wann fallen in der Regel hohe Renditen an?

15. ○ a) für hohe Anlagebeträge

○ b) für lange Investitionszeiten

○ c) für hohe Risiken

○ d) für hohe Gebühren

Was versteht man unter dem volkswirtschaftlichen Begriff "Devisen"?

16. ○ a) Das Wort "Devisen" wird als Synonym für Währungen genutzt.

○ b) Das Wort "Devisen" wird als Synonym für Aktien genutzt.

○ c) Das Wort "Devisen" wird als Synonym für Geldwäsche genutzt.

○ d) Keine Antwort ist richtig.

Was beschreibt der Begriff "Handelsbilanz"?

17. ○ a) Eine rechnerische Gegenüberstellung der gesamten Importe und Exporte eines Landes

○ b) Der Jahresgewinn eines Unternehmens

○ c) Die Prognose der Wirtschaftsleistung eines Landes

○ d) Eine statistische Auswertung des Wirtschaftswachstums eines Landes

Was ist ein typisches Symptom für eine Inflation?

18. ○ a) Das Preisniveau steigt.

○ b) Das Preisniveau sinkt.

○ c) Die Löhne werden gekürzt.

○ d) Keine Antwort ist richtig.

Was gilt als Merkmal eines liberalen Wirtschaftssystems?

19.
- a) Lockerung von Regulierungen
- b) Verstaatlichung von Unternehmen
- c) Planwirtschaft
- d) Keine Antwort ist richtig.

Wie bezeichnet man Wirtschaft noch?

20.
- a) Ökonomie
- b) Ökologie
- c) Ökokratie
- c) Ökotopie

Insolvenz bedeutet, dass ein Unternehmen...

21.
- a) ...zahlungsunfähig ist.
- b) ...verkauft worden ist.
- c) ...kreditwürdig ist.
- d) ...gegen Regulierungen verstoßen hat.

Wo befindet sich der Sitz der Europäischen Zentralbank?

22.
- a) Frankfurt am Main
- b) Brüssel
- c) Den Haag
- d) Straßburg

Welche Aufgabe hat der Leitzinssatz?

23.
- a) Er ist das zentrale Element zur Steuerung der Geldpolitik.
- b) Damit kann der Konsument oder die Konsumentin Kreditangebote von Banken vergleichen.
- c) Er dient der Finanzierung des Europäischen Stabilitätsmechanismus.
- d) Er regelt die Ausschüttung von Renditen.

Was ist die Landeswährung von Kanada?

24. ○ a) der kanadische Dollar

   ○ b) die kanadische Krone

   ○ c) der Euro

   ○ d) der Buck

Welche Aussage ist richtig?

25. ○ a) Die Konsumenten beeinflussen mit ihrem Verhalten die Preisgestaltung.

   ○ b) Die Preise werden von den Unternehmern in Absprache mit den Arbeitnehmerverbänden gestaltet.

   ○ c) Die Arbeitnehmerverbände gestalten die Preise in Absprache mit den staatlichen Behörden.

   ○ d) Die Unternehmer bestimmen die Preise mithilfe von Feldforschungen.

Welche Straße gilt als Synonym für die US-amerikanische Finanzwelt und -macht?

26. ○ a) Wall Street

   ○ b) Broadway

   ○ c) Central Park

   ○ d) Brooklyn

Was verbirgt sich hinter dem Kürzel „UG"?

27. ○ a) Unternehmergesellschaft

   ○ b) Unternehmensgesetz

   ○ c) Ungebundene Gesellschaft

   ○ d) Unternehmensgewinn

Was ist rechtlich gesehen eine Firma?

28. a) Der eingetragene Name eines Gewerbebetriebs

    b) Das Synonym für Wirtschaftsunternehmen

    c) Die eingetragene Marke eines Gewerbebetriebs

    d) Der eingetragener Standort eines Gewerbebetriebs

Was meinen Finanzfachleute, wenn sie von „Sorten" sprechen?

29. a) Banknoten und Münzen ausländischer Währungen

    b) Euro-Geldscheine aus anderen Ländern

    c) Devisen

    d) SEPA-Überweisungen aus dem Ausland

Was löste den sich Ende Oktober 1929 über eine Woche hinziehende New Yorker Börsencrash aus?

30. a) Die Weltwirtschaftskrise

    b) Der Crash der Frankfurter Börse

    c) Das Aufstreben der Nazis in Deutschland

    d) Die Wahlen in den USA

Wie wird die Vermittlungsgebühr von Maklern im Bereich Börsenhandel und Immobilen genannt?

31. a) Courtage

    b) Kaution

    c) Provision

    d) Abschreibung

2.9 Lösungen: Wirtschaft, Finanzen und Recht

Aufgabe	Lösung	Aufgabe	Lösung	Aufgabe	Lösung
1.	a)	2.	a)	3.	a)
4.	a)	5.	a)	6.	a)
7.	a)	8.	a)	9.	a)
10.	d)	11.	d)	12.	c)
13.	a)	14.	c)	15.	c)
16.	a)	17.	a)	18.	a)
19.	a)	20.	a)	21.	a)
22.	a)	23.	a)	24.	a)
25.	a)	26.	a)	27.	a)
28.	a)	29.	a)	30.	a)
31.	a)				

Lösungen der Auswahl-Fragen.

2.10 Test: Einflussnahme des Staates auf das Wirtschaftsleben (IHK Prüfungswissen)

Wie wird die Vermittlungsgebühr von Maklern im Bereich Börsenhandel und Immobilen genannt?

1. In Artikel 12 Abs. 2 des Grundgesetzes wird unter anderem folgendes Recht garantiert:

   ☐ a) Ein Ausbildungsplatz

   ☐ b) Eine allgemeine und berufliche Bildung

   ☐ c) Die freie Wahl der Ausbildungsstätte

   ☐ d) Die berufliche Aus- und Weiterbildung

   ☐ e) Eine staatliche Unterstützung im Rahmen der Ausbildung

   In welchem der folgenden Fälle findet das Berufsbildungsgesetz Anwendung?

2. ☐ a) Besuch einer Gesamtschule

   ☐ b) Ingenieur-Studium

   ☐ c) Teilnahme an einem Volkshochschulsprachkurs

   ☐ c) Ausbildung zum Polizeiobermeister

   ☐ e) Umschulung zum Maler

   Wie heißen in einem Ausbildungsvertrag die Vertragsparteien?

3. ☐ a) Auszubildender und Ausbilder

   ☐ b) Auszubildender und Ausbildender

   ☐ c) Ausbilder und Ausbildender

   ☐ d) Lehrling und Lehrherr

   ☐ e) Auszubildender und Arbeitgeber

   Durch wen werden die Beiträge zur gesetzlichen Krankenversicherung bezahlt?

4. ☐ a) Arbeitnehmer

   ☐ b) Arbeitgeber und Arbeitnehmer

   ☐ c) Arbeitgeber

   ☐ d) Krankenkasse

   ☐ e) Gewerkschaftskasse

   Bei welcher der folgenden Versicherungen handelt es sich um keine gesetzliche Sozialversicherung?

5. ☐ a) Unfallversicherung

   ☐ b) Krankenversicherung

   ☐ c) Pflegeversicherung

   ☐ d) Rentenversicherung

   ☐ e) Haftpflichtversicherung

   Welche Institution legt in Deutschland die Leitzinsen fest?

6. ☐ a) Die Bundesbank

☐ b) Die Bundesregierung

☐ c) Der Bundestag

☐ d) Die Europäische Zentralbank

☐ e) Die Europäische Kommission

Was bedeutet der Begriff "Inflation"?

7. ☐ a) Die Kaufkraft der Währung sinkt

☐ b) Die Kaufkraft der Währung steigt

☐ c) Die Kaufkraft der Währung bleibt gleich

☐ d) Die Arbeitslosenquote steigt

☐ e) Das Bruttosozialprodukt sinkt

2.11 Lösungen: Einflussnahme des Staates auf das Wirtschaftsleben (IHK Prüfungswissen)

Aufgabe	Lösung	Aufgabe	Lösung	Aufgabe	Lösung
1.	d)	2.	d), e)	3.	a)
4.	b)	5.	e)	6.	d)
7.	a)				

Lösungen der Auswahl-Fragen.

3 Unternehmerisches Handeln

Was bedeutet der Begriff "Inflation"?

3.1 Rechtsfähigkeit

Die Rechtsfähigkeit kann ein Thema der Abschlussprüfung vor der IHK sein. Du solltest die Definition kennen und den Begriff erläutern können. Weiterhin solltest du den Unterschied zwischen Rechtsfähigkeit und Geschäftsfähigkeit erklären können. Mit verschiedenen Übungen online kannst du dich auf die IHK Aufgaben vorbereiten.

3.1.1 Rechtsfähigkeit einfach erklärt

In der schriftlichen Prüfung vor der IHK kann die Definition der Rechtsfähigkeit gefordert werden. Sie lautet folgendermaßen:
Rechtsfähigkeit bedeutet, dass eine natürliche Person Träger von Rechten und Pflichten ist. Die Rechtsfähigkeit beginnt mit der Vollendung der Geburt und endet mit dem Tod.

3.1.2 Beispiele für die Rechtsfähigkeit

Sowohl in der schriftlichen als auch in der mündlichen Abschlussprüfung kann ein Beispiel für die Rechtsfähigkeit gefordert werden. Du zeigst damit, dass du die Definition und den Sachverhalt verstanden hast.
Wer rechtsfähig ist, hat Rechte, beispielsweise das Recht auf Eigentum. Wer Rechte hat, der hat auch Pflichten, beispielsweise die Pflicht, Steuern zu zahlen.

3.1.3 Unterschied zwischen Rechtsfähigkeit und Geschäftsfähigkeit

Zwischen Rechtsfähigkeit und Geschäftsfähigkeit gibt es eine Abgrenzung. In der Prüfung musst du die Erklärung dafür kennen. Anhand von Übungen kannst du dich bereits darauf vorbereiten, wie du diese Abgrenzung am besten erläuterst.

Im Gegensatz zur Rechtsfähigkeit ist die Geschäftsfähigkeit die Fähigkeit, rechtsgeschäftliche Erklärungen wirksam abzuschließen und entgegenzunehmen. Bei der Rechtsfähigkeit natürlicher Personen gibt es keine Stufen, während bei der Geschäftsfähigkeit drei Stufen unterschieden werden:

- Geschäftsunfähigkeit bei Personen bis zum vollendeten 7. Lebensjahr
- beschränkte Geschäftsfähigkeit bei Personen ab dem vollendeten 7. bis zum vollendeten 18. Lebensjahr
- unbeschränkte Geschäftsfähigkeit bei Personen ab dem vollendeten 18. Lebensjahr.

3.1.4 Rechtsfähigkeit bei juristischen Personen

Bei der Rechtsfähigkeit werden natürliche und juristische Personen unterschieden. Zu den Aufgaben bei der Prüfung gehört, dass du die Unterschiede erläutern kannst.

Zu den natürlichen Personen gehören grundsätzlich alle Menschen.
Bei juristischen Personen wird zwischen Personen des Privatrechts und des öffentlichen Rechts unterschieden. Personen des Privatrechts sind

- GmbH
- Aktiengesellschaften
- Vereine
- Stiftungen.

Die Rechtsfähigkeit für juristische Personen des öffentlichen Rechts gilt mit der Eintragung in ein öffentliches Register.
Juristische Personen des öffentlichen Rechts sind beispielsweise der Staat, Länder und Gemeinden, Körperschaften des öffentlichen Rechts wie die IHK, aber auch öffentlich-rechtliche Stiftungen. Bei juristischen Personen des öffentlichen Rechts beginnt die Rechtsfähigkeit mit der Verleihung (beispielsweise bei einer IHK) oder der Genehmigung (bei einer öffentlich-rechtlichen Stiftung) der Rechtsfähigkeit.
Grundsätzlich reicht die Rechtsfähigkeit juristischer Personen nicht so weit wie die Rechtsfähigkeit natürlicher Personen. Eine juristische Person kann sich nicht auf Rechte und Rechtsstellungen berufen, die eine menschliche Natur voraussetzen (beispielsweise Familienrecht).

3.1.5 Ende der Rechtsfähigkeit

Bei einer natürlichen Person endet die Rechtsfähigkeit mit dem Tod. Die Rechtsfähigkeit bei juristischen Personen des Privatrechts endet, wenn eine Löschung aus dem Register erfolgt. Bei juristischen Personen des öffentlichen Rechts endet die Rechtsfähigkeit mit dem Entzug der staatlichen Verleihung oder der Aufhebung der Genehmigung.

3.2 Das Steuersystem der Bundesrepublik Deutschland

Die Bundesrepublik Deutschland gibt als Staat jeden Tag Milliarden an Euro aus: Bundeswehr, Straßenbau, Gesundheit, Polizei, Gemeindewesen, Sozialausgaben... In diesem Beitrag erfährst Du, woher das Geld für diese Ausgaben kommt und wie sich der Staat in erster Linie finanziert.

3.2.1 Steuereinnahmen als Einnahmequelle Deutschlands

Die vornehmliche Einnahmequelle des Staates sind Steuereinnahmen. Es gibt **etwa 40 verschiedene Steuerarten**, die Bund, Länder und Gemeinden den verschiedenen Steuerzahlerinnen und Steuerzahlern auferlegen.

Dabei gilt der **Grundsatz, die Steuern gleichmäßig und gerecht zu gestalten** und nicht – wie viele Steuerbetroffene oft meinen – von möglichst vielen Steuerzahlerinnen und Steuerzahlern möglichst viel Geld einzubehalten.

Für "Steuern" gibt es eine offizielle Definition in der Abgabenordnung (§ 3 Absatz 1 AO), die man im Original wohl eher nur versteht, wenn man einen Sinn für Beamtendeutsch hat. **Die Definition lautet:**

"Steuern sind Geldleistungen, die nicht eine Gegenleistung für eine besondere Leistung darstellen und von einem öffentlich-rechtlichen Gemeinwesen zur Erzielung von Einnahmen allen auferlegt werden, bei denen der Tatbestand zutrifft, an denen das Gesetz die Leistungspflicht knüpft; die Erzielung von Einnahmen kann Nebenzweck sein".

"Übersetzt" heißt das: Erfüllen Personen und Unternehmen die in den Steuergesetzen definierten Regelungen, müssen sie an Behörden Geld bezahlen, für das sie keine Gegenleistung bekommen. Die Behörden wiederum nutzen diese Gelder zur Erzielung von Einnahmen, entweder als Hauptzweck oder als Nebenzweck.

Liegt für eine Geldzahlung eines Bürgers eine Gegenleistung einer Behörde vor, handelt es sich ausdrücklich nicht um eine Steuer. Dies ist beispielsweise der Fall, wenn Du für Deinen Personalausweis eine Bearbeitungsgebühr im Bürgerbüro bezahlen musst, um ihn zu erhalten. Der Ausweis ist die Gegenleistung für Dein Geld.

Steuern müssen von verschiedenen Steuerpflichtigen gezahlt werden, so z. B. Arbeitnehmerinnen und Arbeitnehmer, Unternehmen, Vereine, Hundebesitzerinnen und Hundebesitzer, Kaffeetrinkerinnen und Kaffeetrinker, Raucherinnen und Raucher, Selbständige und Lotteriespielerinnen und Lotteriespieler.

3.2.2 Steuerarten

Im deutschen Steuersystem können alle Steuern grundsätzlich in **drei** unterschiedliche **Kategorien unterteilt** werden, die jeweils angeben, worauf die Steuer erhoben wird:

3.2.3 Besitzsteuern

Besitzsteuern werden auf den "Besitz" eines Steuerpflichtigen erhoben; das können ein verdientes Einkommen (Arbeitslohn) oder ein Vermögen (Aktiendepots oder Erbschaften) sein. Beispiele für die Besitzsteuern sind die

- Einkommensteuer (Löhne und Gehälter),
- Körperschaftssteuer (Unternehmensgewinne),
- Gewerbesteuer (gewerbliche Erträge),
- Grundsteuer (Besitz von Grundstücken) oder
- Erbschaftssteuer (vererbtes Vermögen).

Die Besitzsteuern unterscheiden sich zusätzlich in zwei Bereiche: zum einen die Ertragssteuern (Steuern auf den Ertrag, z. B. die Einkommensteuer oder die Gewerbesteuer) und die Substanzsteuern (Steuern auf die Substanz, z. B. die Grundsteuer oder die Erbschaftssteuer).

3.2.4 Verkehrssteuern

Bei den Verkehrssteuern wird nicht der (Straßen-) Verkehr besteuert, sondern vielmehr alle Vorgänge des Rechts- und Wirtschaftsverkehrs – also alles, was sich im offiziellen Betrieb der Bundesrepublik Deutschland abspielt. Beispiele für die Verkehrssteuern sind die

- Umsatzsteuer (die zahlst Du jeden Tag, wenn Du im Wirtschaftsverkehr etwas kaufst),
- Kraftfahrzeugsteuer (für den Betrieb von Fahrzeugen),
- Luftverkehrsteuer (für das Abheben eines Flugzeugs) oder
- Rennwett- und Lotteriesteuer (für gewerbliche Wetteinsätze).

3.2.5 Verbrauchsteuern

Zudem unterscheidet man im Steuersystem noch Verbrauchsteuern. Wie der Name sagt, werden bei den Verbrauchsteuern der "Verbrauch" oder auch der "Gebrauch" von vornehmlich Lebensmitteln oder Genussmitteln besteuert. Bedeutendste Vertreter in dieser Kategorie sind die Biersteuer, Tabaksteuer, Stromsteuer und Kaffeesteuer.

3.2.6 Art der Steuerentrichtung: Direkte und indirekte Steuern

Eine weitere Unterscheidung wird nach der Art der Entrichtung der Steuer vorgenommen.

Direkte Steuern werden **unmittelbar** (direkt) **beim jeweiligen Steuerpflichtigen erhoben**, der oder die die Steuerbelastung zu tragen hat. Dies ist beispielsweise bei der Einkommensteuer der Fall. Betroffen sind hier die steuerpflichtigen und steuerbelasteten Arbeitnehmerinnen und Arbeitnehmer. Man kann daher sagen: **Direkte Steuern belasten den, der bzw. die sie schlussendlich zahlen muss.**

Bei den **indirekten** Steuern ist der **Steuerpflichtige nicht derjenige, der die Steuerbelastung trägt.** Ein Beispiel hierfür ist die Umsatzsteuer. Die Steuerbelasteten sind die Käufer einer Ware oder Dienstleistung, die Steuerpflichtigen aber die Händler und Unternehmer, die zur Abgabe einer Umsatzsteuererklärung verpflichtet sind. Sie behalten den Umsatzsteueranteil des Kaufpreises ein und sind verpflichtet, diesen an den Staat abzuführen.

3.2.7 Was sind die wichtigsten Steuerarten?

3.2.8 Einkommensteuer

Die Steuer mit dem höchsten Anteil am gesamten Steueraufkommen ist die Einkommensteuer. Im Jahr 2020 wurden beispielsweise Einkommensteuerbescheide in Höhe von über 275 Milliarden Euro ausgestellt. Grundlage für die Einkommensteuer sind sieben unterschiedliche Einkunftsarten:

- Einkünfte aus Land- und Forstwirtschaft
- Einkünfte aus Gewerbebetrieb
- Einkünfte aus selbständiger Arbeit
- Einkünfte aus nichtselbständiger Arbeit (Arbeitnehmer)
- Einkünfte aus Kapitalvermögen
- Einkünfte aus Vermietung und Verpachtung
- sonstige Einkünfte (z. B. Renten)

Bei der Einkommensteuer werden natürlichen Personen (Arbeitnehmerinnen und Arbeitnehmer, Selbständige) zur Kasse gebeten.

Bei den **Einkünften aus Land- und Forstwirtschaft, Gewerbebetrieb** und **selbständiger Arbeit** spricht man auch von **Gewinneinkunftsarten**. Das steuerpflichtige Einkommen wird entweder durch eine Bilanz (Betriebsvermögensvergleich) oder eine Einnahmenüberschussrechnung (Differenz der Betriebseinnahmen und Betriebsausgaben) ermittelt.

Bei allen anderen Einkünften (**nichtselbständige Arbeit, Kapitalvermögen, Vermietung und Verpachtung, sonstige Einkünfte) spricht man von **Überschusseinkunftsarten**. Besteuert wird hier die Differenz zwischen Einnahmen und Aufwendungen, die erforderlich waren, um die Einnahmen zu erwerben, zu sichern und zu erhalten. Diese Aufwendungen werden in der Steuersprache **Werbungskosten** genannt.

Im Rahmen der Einkommensteuer gibt es bestimmte **Erhebungsformen**, die dazu führen, dass dem Steuerpflichtigen vor der Auszahlung von Einnahmen Steueranteile abgezogen und abgeführt werden. Da die **Steuer an der "Quelle" abgezapft** wird, spricht man auch von **Quellensteuer**. Ein berühmtes Beispiel hierfür ist die Lohnsteuer: Bevor Arbeitnehmerinnen und Arbeitnehmer ihren Lohn auf das Bankkonto erhalten, muss der Arbeitgeber Lohnsteuer einbehalten und an das Finanzamt abführen. Da die Arbeitgeberinnen und Arbeitgeber die Steuerschuldner der Lohnsteuer (sie müssen sie abführen) sind, die Arbeitnehmerinnen und Arbeitnehmer aber abweichend die Steuerschuldner (sie sind damit belastet), ist die Lohnsteuer eine indirekte Steuer.

3.2.9 Körperschaftssteuer

Die Körperschaftssteuer ist die Einkommensteuer der Kapitalgesellschaften (GmbH, AG, Genossenschaften). Die Höhe der Steuer bemisst sich nach dem Gewinn der jeweiligen Gesellschaft, der nach den Vorschriften des Einkommensteuer- und Körperschaftssteuergesetzes zu ermitteln ist. Der Steuersatz beträgt 15 %.

3.2.10 Gewerbesteuer

Die Gewerbesteuer ist die wichtigste Steuer für die Kommunen und Gemeinden; das Steueraufkommen fließt ihnen vornehmlich zu. Zu zahlen ist diese Steuer von allen Unternehmen, die einen Gewerbebetrieb führen. Ziel der Gewerbesteuer ist also nicht eine Person, sondern der Gewerbebetrieb als Objekt. Basis für die Gewerbesteuer ist der Gewerbeertrag, der sich aus dem Gewinn des Unternehmens und verschiedenen Hinzurechnungen und Kürzungen ergibt. Die Höhe der Steuerbelastung kann jede Gemeinde durch einen individuellen Hebesatz festlegen.

3.2.11 Umsatzsteuer

Die Umsatzsteuer zählt neben der Einkommensteuer zu den wichtigsten Steuerarten des Staates. Die im umgangssprachlichen Gebrauch auch als Mehrwertsteuer bezeichnete Abgabe kommt bei nahezu jedem Verkaufsvorgang zum Ansatz. Die Steuer belastet die jeweiligen Endabnehmer in allen Stufen eines Herstellungsvorgangs: von der Rohstoffbeschaffung über die Fertigwaren bis hin zum Verkauf im Handel. Steuerschuldner der Umsatzsteuer ist in der Regel der Verkäufer, der die Umsatzsteuer in Höhe von 19 % (Regelsteuersatz) oder 7 % (ermäßigter Steuersatz) einbehalten und abführen muss. Gegenrechnen kann der Verkäufer die gezahlten Umsatzsteuerbeträge aus seinen Einkaufsvorgängen (Vorsteuer), so dass jeweils der geschaffene Mehrwert mit der Steuer belastet wird (daher auch der Name Mehrwertsteuer).

3.3 Test: Geschäftsfähigkeit/ Rechtsfähigkeit Prüfungsfragen

In der schriftlichen Prüfung vor der IHK kann die **Definition der Geschäftsfähigkeit** verlangt werden. Sie lautet wie folgt:
Die Geschäftsfähigkeit ist die Fähigkeit einer Person, eine Willenserklärung rechtsverbindlich abzugeben und entgegenzunehmen. Eine geschäftsfähige Person ist zum Abschluss verbindlicher Rechtsgeschäfte berechtigt.

3.3.1 Beispiele für die Definition

In der **mündlichen Abschlussprüfung vor der IHK reicht die Definition des Begriffs Geschäftsfähigkeit nicht aus**. Du musst eine Erklärung für die Begriffe Willenserklärung und Rechtsgeschäft abgeben. Das klappt am besten, wenn du diese Begriffe an einem Beispiel erläuterst. Eine Willenserklärung ist eine Äußerung, die zum Erfolg eines Rechtsgeschäfts führen soll. Der Begriff Willenserklärung stammt aus dem Zivilrecht. Ein Beispiel für eine Willenserklärung ist, wenn du einen Arbeitsvertrag unterzeichnest. Der Arbeitgeber will dich einstellen, während du den Arbeitsplatz annehmen willst.
Ein **Rechtsgeschäft ist ein Rechtsakt, der durch eine Willenserklärung zustande kommt**. Das kann ein Arbeitsvertrag, aber auch eine Kündigung oder ein Kaufvertrag für ein Auto sein.

3.3.2 Was unterscheidet die Geschäftsfähigkeit von der Rechtsfähigkeit?

Thema der Abschlussprüfung kann auch der **Unterschied zwischen Geschäftsfähigkeit und Rechtsfähigkeit** sein. Die Geschäftsfähigkeit regelt, wann eine Person Rechtsgeschäfte verbindlich abschließen darf. Die Rechtsfähigkeit ist die Fähigkeit, Träger von Rechten und Pflichten zu sein. Während grundsätzlich jede natürliche und juristische Person rechtsfähig ist, setzt die Geschäftsfähigkeit ein gewisses Maß an Einsicht für die Rechtsfolgen des Handelns voraus.

Während für die Rechtsfähigkeit keine Voraussetzungen gelten, ist die Geschäftsfähigkeit an ein bestimmtes Alter geknüpft. Bei der Geschäftsfähigkeit werden **drei Stufen** unterschieden:

- **Geschäftsunfähigkeit**
  Minderjährige, die das 7. Lebensjahr noch nicht vollendet haben, sind geschäftsunfähig. Auch Personen mit einer dauerhaften geistigen Behinderung sind geschäftsunfähig. Wil-

lenserklärungen, die von geschäftsunfähigen Personen abgegeben werden, sind nichtig. Für diese Personen handelt der gesetzliche Vertreter.
- **Beschränkte Geschäftsfähigkeit**
  Beschränkt geschäftsfähig sind Personen zwischen dem vollendeten 7. und dem 18. Lebensjahr. Diese Personen können altersübliche Geschäfte abschließen. Dazu zählen Geschäfte des täglichen Lebens wie der Kauf von Lebensmitteln, Eingehen eines Arbeitsverhältnisses, das vom gesetzlichen Vertreter erlaubt wird, beispielsweise ein Ferienjob, oder Geschäfte, die eine Person in diesem Alter mit ihrem Taschengeld abwickelt, wie der Kauf einer Zeitschrift.
- **Unbeschränkte Geschäftsfähigkeit**
  Die unbeschränkte Geschäftsfähigkeit gilt ab dem Erreichen der Volljährigkeit, also mit der Vollendung des 18. Lebensjahrs. Personen in diesem Alter können uneingeschränkt und ohne gesetzlichen Vertreter Willenserklärungen abgeben. Beispiele dafür sind der Kauf eines Autos, die Anmietung einer Wohnung oder die Kündigung eines Arbeitsverhältnisses.

3.3.3 Der Taschengeldparagraph

Im Zusammenhang mit der Geschäftsfähigkeit kann in der Abschlussprüfung vor der IHK nach dem **Taschengeldparagraphen** gefragt werden. Es handelt sich um § 110 BGB. Der Taschengeldparagraph besagt, dass **Kinder und Jugendliche von ihrem verfügbaren Taschengeld das kaufen können, was sie möchten**. Sie müssen jedoch im Vorfeld wissen, dass die Eltern dem Kauf zustimmen würden. Der Preis der Ware darf nicht höher sein als das verfügbare Taschengeld. Die Ware darf nur bar bezahlt werden.

Das kannst du mit einem Beispiel erläutern: Ein achtjähriges Mädchen hat zwei Euro Taschengeld und kauft sich davon ein belegtes Brötchen.

Für diesen Test hast du insgesamt 15 Minuten Zeit.

Tipp: Oft zielen die Tests darauf ab, zu beobachten, ob du auch unter Zeitdruck und Stress konzentriert und genau arbeiten kannst. Lass dich also nicht aus der Ruhe bringen!

Halte dich nicht zu lange bei einer Aufgabe auf, die du nicht verstehst. Überspringe und markiere dir diese und schau am Ende, wenn du noch genug Zeit hast, einmal drüber.

WAS IST ZU TUN?

Teste hier dein Wissen zum Thema Rechts- und Geschäftsfähigkeit. Je Frage ist es eine richtige Antwort.

Unternehmerisches Handeln

1. Ab wann beginnt die Rechtsfähigkeit einer natürlichen Person?

   ○ a) ab dem 7. Lebensjahr

   ○ b) ab der vollendeten Geburt

   ○ c) ab dem 12. Lebensjahr

   ○ d) ab dem 18. Lebensjahr

   Was ist der Unterschied zwischen Rechtsfähigkeit und Geschäftsfähigkeit?

2. ○ a) Es gibt keinen Unterschied, da beides dasselbe ist.

   ○ b) Rechtsfähig ist man erst ab dem vollendeten 18. Lebensjahr, während man schon ab der Geburt geschäftsfähig ist.

   ○ c) Rechtsfähig ist man bereits ab der Geburt, während man erst ab dem vollendeten 18. Lebensjahr geschäftsfähig ist.

   ○ d) Rechtsfähig sind nur juristische Personen, während natürliche Personen geschäftsfähig sind.

   Welche Aussage zur Rechtsfähigkeit ist richtig?

3. ○ a) Es handelt sich um die Fähigkeit, Träger von Rechten und Pflichten zu sein.

   ○ b) Es ist die Fähigkeit zur Abgabe rechtswirksamer Willenserklärungen.

   ○ c) Rechtsfähigkeit ist die Fähigkeit zum Vertragsabschluss.

   ○ d) Rechtsfähigkeit beginnt ab dem vollendeten 7. Lebensjahr.

   Was trifft für die Rechtsfähigkeit einer juristischen Person zu?

4. ○ a) Die Rechtsfähigkeit beginnt mit der Gründung.

   ○ b) Die Rechtsfähigkeit beginnt mit der Geschäftsfähigkeit.

   ○ c) Die Rechtsfähigkeit beginnt mit der Eintragung in das Register.

   ○ d) Die Rechtsfähigkeit ist die Fähigkeit zum voll gültigen Abschluss von Rechtsgeschäften.

   Welche Aussage erklärt die Rechtsfähigkeit richtig?

Unternehmerisches Handeln

5. ○ a) Die Fähigkeit, als Anwalt tätig zu sein.
   ○ b) Die Fähigkeit, Geschäfte rechtskräftig abzuschließen.
   ○ c) Die Fähigkeit, als Zeuge vor Gericht auszusagen.
   ○ d) Die Fähigkeit, Rechte und Pflichten zu haben.

Wer ist keine juristische Person?

6. ○ a) die IHK
   ○ b) ein gemeinnütziger Verein
   ○ c) ein Richter
   ○ d) eine GmbH

Wer ist eine juristische Person des privaten Rechts?

7. ○ a) der Rechtsanwalt Wolfgang Schubert
   ○ b) die IHK Niedersachsen
   ○ c) eine GmbH
   ○ d) das Bundesland Mecklenburg-Vorpommern

Welche Aussage gilt für einen 16-jährigen Jugendlichen?

8. ○ a) Der Jugendliche ist rechtsfähig und beschränkt geschäftsfähig.
   ○ b) Der Jugendliche ist nur rechtsfähig.
   ○ c) Der Jugendliche ist rechtsfähig und unbeschränkt geschäftsfähig.
   ○ d) Der Jugendliche ist nur geschäftsfähig.

Was passiert mit einem Erwachsenen, der unter fortschreitender Demenz leidet und vollständig die Kontrolle über sich selbst verliert?

9. ○ a) Er verliert seine Rechtsfähigkeit.
   ○ b) Er bleibt unbeschränkt geschäftsfähig.
   ○ c) Er wird beschränkt geschäftsfähig.
   ○ d) Er wird geschäftsunfähig.

Unternehmerisches Handeln

Wer ist eine juristische Person des öffentlichen Rechts?

10.
- a) die IHK Hamburg
- b) eine Aktiengesellschaft
- c) ein Richter
- d) ein Anglerverein

Wer ist eine natürliche Person?

11.
- a) ein Rechtsanwalt
- b) ein Geflügelzüchterverein
- c) die IHK Mecklenburg-Vorpommern
- d) eine GmbH

Wann endet die Rechtsfähigkeit einer natürlichen Person?

12.
- a) mit dem Eintritt in das Rentenalter
- b) mit dem Eintritt einer fortschreitenden Demenz
- c) mit dem Tod
- d) mit dem Eintritt der Geschäftsfähigkeit

Wann endet die Rechtsfähigkeit einer juristischen Person des privaten Rechts?

13.
- a) mit dem Tod des Geschäftsführers
- b) mit der Eintragung in ein öffentliches Register
- c) mit der Kündigung der Beschäftigten
- d) mit der Löschung aus dem Register

Bei der Rechtsfähigkeit wird unterschieden zwischen...

14. ○ a) ...natürlichen und juristischen Personen.
    ○ b) ...Kindern und Erwachsenen.
    ○ c) ...Minderjährigen und Volljährigen.
    ○ d) ...Kindern und Jugendlichen.

    In welchem Alter ist man rechtsfähig, aber noch nicht geschäftsfähig?

15. ○ a) im Alter von 20 Jahren
    ○ b) im Alter von 4 Jahren
    ○ c) im Alter von 18 Jahren
    ○ d) im Alter von 40 Jahren

    In welchem Alter ist man rechtsfähig und gleichzeitig unbeschränkt geschäftsfähig?

16. ○ a) im Alter von 18 Jahren
    ○ b) ab der Geburt
    ○ c) ab 5 Jahren
    ○ d) ab 7 Jahren

    In welchem Alter ist man rechtsfähig und beschränkt geschäftsfähig?

17. ○ a) ab der Geburt
    ○ b) ab 6 Jahren
    ○ c) ab 18 Jahren
    ○ d) mit 7 Jahren

    Welche Aussage ist richtig?

18.
   a) Der fünfjährige Felix darf von seinem Taschengeld kaufen, was er möchte, da er rechtsfähig ist.

   b) Der fünfjährige Felix darf noch keine Geschäfte abschließen, da er rechtsfähig, aber noch nicht geschäftsfähig ist.

   c) Der fünfjährige Felix kann bereits Kaufverträge abschließen.

   d) Der fünfjährige Felix ist noch nicht rechtsfähig.

   Welche der Aussagen ist richtig?

19.
   a) Der zwölfjährige Anton ist noch nicht rechtsfähig.

   b) Der zwölfjährige Anton ist rechtsfähig, aber nur beschränkt geschäftsfähig.

   c) Der zwölfjährige Anton ist rechtsfähig, aber geschäftsunfähig.

   d) Der zwölfjährige Anton ist rechtsfähig und unbeschränkt geschäftsfähig.

   Welche Aussage trifft zu?

20.
   a) Die 24-jährige Sandra ist rechtsfähig und unbeschränkt geschäftsfähig.

   b) Die 24-jährige Sandra ist unbeschränkt geschäftsfähig, aber nicht rechtsfähig, da sie keine Rechtsanwältin ist.

   c) Die 24-jährige Sandra ist rechtsfähig, aber nur beschränkt geschäftsfähig, da sie nicht als Geschäftsführerin tätig ist.

   d) Die 24-jährige Sandra ist rechtsfähig, aber geschäftsunfähig.

   Ab welchem Alter gilt eine Person als uneingeschränkt geschäftsfähig?

21.
   a) ab der Geburt

   b) ab vollendetem 7. Lebensjahr

   c) ab vollendetem 12. Lebensjahr

   d) ab vollendetem 18. Lebensjahr

   Ab welchem Alter gilt eine Person als beschränkt geschäftsfähig?

Unternehmerisches Handeln

22. ○ a) ab vollendetem 18. Lebensjahr

    ○ b) ab der Geburt

    ○ c) ab vollendetem 4. Lebensjahr

    ○ d) ab vollendetem 7. Lebensjahr

Franz ist 15 Jahre alt und möchte Zeitungen austragen. Was benötigt er dafür?

23. ○ a) Er benötigt nichts weiter, da er unbeschränkt geschäftsfähig ist.

    ○ b) Er benötigt seine Unterschrift und die Zustimmung seiner Eltern, da er beschränkt geschäftsfähig ist.

    ○ c) Er darf grundsätzlich keine Zeitungen austragen, da er noch nicht unbeschränkt geschäftsfähig ist.

    ○ d) Er darf Zeitungen austragen, auch wenn die Eltern nicht zustimmen.

Bis wann ist eine Person geschäftsunfähig?

24. ○ a) bis zum vollendeten 7. Lebensjahr

    ○ b) niemals, da jede Person von Geburt an geschäftsfähig ist

    ○ c) bis zum vollendeten 15. Lebensjahr

    ○ d) bis zum vollendeten 18. Lebensjahr

Petra ist 17 und möchte den Führerschein fürs Auto erwerben. Da sie nicht genügend Taschengeld hat, schließt sie einen Vertrag ab und leistet eine Anzahlung von 100 Euro.

In welchem Fall handelt die Fahrschule richtig?

25. ○ a) Die Fahrschule nimmt das Geld an und der Vertrag kommt zustande.

    ○ b) Die Fahrschule zahlt Petra das Geld zurück. Es kommt nicht zum Vertragsabschluss.

    ○ c) Die Fahrschule fordert auch noch das übrige Geld, damit der Vertrag zustande kommt.

    ○ d) Die Fahrschule schließt mit Petra den Vertrag ab und zahlt ihr das Geld zurück.

Lars ist 12 Jahre alt und darf, da er beschränkt geschäftsfähig ist, ein Rechtsgeschäft vornehmen, das ihm lediglich einen rechtlichen Vorteil bietet.

Bei welchem dieser Fälle handelt es sich um ein solches Geschäft?

26. ○ a) Lars kauft sich ein Fahrrad von seinem Taschengeld.

○ b) Lars kauft sich ein Notebook, doch sein Taschengeld reicht nicht aus und die Eltern schießen Geld zu

○ c) Lars nimmt von seinen Großeltern 100 Euro an, die sie ihm schenken.

○ d) Lars erhält vom Nachbarn 50 Euro und verpflichtet sich, dort alle zwei Wochen Rasen zu mähen.

Welche Stufe der Geschäftsfähigkeit gilt für ein 12-jähriges Kind?

27. ○ a) Geschäftsunfähigkeit

○ b) unbeschränkte Geschäftsfähigkeit

○ c) unvollständige Geschäftsfähigkeit

○ d) beschränkte Geschäftsfähigkeit

In welchem Fall kann ein Erwachsener die Geschäftsfähigkeit verlieren?

28. ○ a) Ein Erwachsener leidet an fortschreitender Demenz und verliert die Kontrolle über sich selbst.

○ b) Ein Erwachsener verursacht einmalig einen Unfall unter Alkoholeinfluss.

○ c) Ein Erwachsener begeht einen Diebstahl und ist im Vollbesitz seiner körperlichen und geistigen Kräfte.

○ d) Ein Erwachsener greift einen Jugendlichen körperlich an.

Ein Erwachsener leidet unter weit fortgeschrittener Demenz und ist nicht mehr in der Lage, selbstständig zu entscheiden.
Um welche Stufe der Geschäftsfähigkeit handelt es sich?

29. ○ a) uneingeschränkte Geschäftsfähigkeit

○ b) Geschäftsunfähigkeit

○ c) teilweise eingeschränkte Geschäftsfähigkeit

○ d) beschränkte Geschäftsfähigkeit

Wann kann ein Vertrag, der kurz vor der Volljährigkeit zwischen dem Jugendlichen und einem Geschäftspartner abgeschlossen wurde, wirksam werden?

30. ○ a) Wenn der Jugendliche den Vertrag unterschreibt.
    ○ b) Wenn der Jugendliche 18 Jahre alt ist.
    ○ c) Wenn die Eltern des Jugendlichen dem Vertragsabschluss zustimmen.
    ○ d) Wenn der Jugendliche die erforderliche Zahlung leistet.

Welcher Unterschied zwischen Geschäftsfähigkeit und Rechtsfähigkeit ist richtig?

31. ○ a) Geschäftsfähigkeit und Rechtsfähigkeit sind dasselbe.
    ○ b) Jede natürliche Person ist rechtsfähig und gleichzeitig geschäftsfähig.
    ○ c) Rechtsfähig ist jede natürliche Person, während die beschränkte Geschäftsfähigkeit an ein Mindestalter von 7 Jahren und die unbeschränkte Geschäftsfähigkeit an ein Mindestalter von 18 Jahren geknüpft ist.
    ○ d) Geschäftsfähig ist jede natürliche Person, während eine natürliche Person erst ab einem bestimmten Alter rechtsfähig ist.

Welche Stufe der Geschäftsfähigkeit liegt bei einem fünfjährigen Kind vor?

32. ○ a) Geschäftsunfähigkeit
    ○ b) beschränkte Geschäftsfähigkeit
    ○ c) vollständige Geschäftsfähigkeit
    ○ d) unbeschränkte Geschäftsfähigkeit

Robert ist fünf Jahre alt und schließt ein Abo für eine Kinderzeitschrift ab.

Welcher Sachverhalt ist richtig?

33. ○ a) Das Abo ist völlig in Ordnung.
    ○ b) Das Abo kommt zustande, wenn die Eltern zustimmen.
    ○ c) Das Abo kommt auch dann nicht zustande, wenn die Eltern zustimmen.
    ○ d) Wenn die Eltern bezahlen, kommt das Abo zustande.

Laura ist 17 Jahre alt und Auszubildende.

Von ihrem Geld will sie sich ein Notebook kaufen. Welcher Sachverhalt ist richtig?

34. ○ a) Laura darf kein Notebook kaufen, da sie beschränkt geschäftsfähig ist.

    ○ b) Laura darf das Notebook auch dann kaufen, wenn ihr Geld nicht ausreicht.

    ○ c) Laura darf das Notebook kaufen, wenn ihre Eltern den Kaufvertrag unterschreiben.

    ○ d) Laura darf das Notebook kaufen, wenn ihr Geld dafür ausreicht.

Die 14-jährige Svenja will beim Nachbarn für Geld babysitten.

Was ist erforderlich?

35. ○ a) Es reicht eine mündliche Vereinbarung aus.

    ○ b) Ein schriftlicher Vertrag zwischen Svenja und den Nachbarn muss geschlossen werden, den auch Svenjas Eltern unterschreiben.

    ○ c) Es reicht aus, wenn Svenja dafür das Geld bekommt.

    ○ d) Es ist auch in Ordnung, wenn Svenja für ihre Tätigkeit nicht bezahlt wird.

In welchem Alter liegt die beschränkte Geschäftsfähigkeit vor?

36. ○ a) von 0 bis 7 Jahren

    ○ b) von 7 bis 18 Jahren

    ○ c) von 6 bis 12 Jahren

    ○ d) von 0 bis 18 Jahren

Anna ist 16 Jahre alt und möchte sich tätowieren lassen. Das Tattoo kann sie von ihrem Taschengeld bezahlen.

Was ist erforderlich?

37. ○ a) Anna muss lediglich das Tattoo bezahlen.

    ○ b) Anna muss einen Vertrag unterschreiben.

    ○ c) Die Zustimmung von Annas Eltern ist erforderlich.

    ○ d) Nichts, da es sich um eine geringfügige Angelegenheit des täglichen Lebens handelt.

Julia macht eine Ausbildung und kauft sich eine Monatskarte für den öffentlichen Verkehr. Welcher Sachverhalt ist richtig?

38. ○ a) Julia darf das, da es sich um eine geringfügige Angelegenheit des täglichen Lebens handelt

○ b) Julia darf das nicht, da sie geschäftsunfähig ist

○ c) Julia darf das nicht, da sie beschränkt geschäftsfähig ist

○ d) Die Zustimmung von Julias Eltern ist erforderlich.

Welche Stufe der Geschäftsfähigkeit liegt bei einer 36-jährigen Frau vor?

39. ○ a) volle Geschäftsfähigkeit

○ b) Geschäftsunfähigkeit

○ c) unbeschränkte Geschäftsfähigkeit

○ d) beschränkte Geschäftsfähigkeit

Welche dieser Personen ist beschränkt geschäftsfähig?

40. ○ a) ein 17-jähriger Jugendlicher

○ b) ein Neugeborenes

○ c) ein 40-jähriger Mann

○ d) ein sechsjähriges Kind

3.4 Lösungen: Geschäftsfähigkeit/ Rechtsfähigkeit Prüfungsfragen

Aufgabe	Lösung	Aufgabe	Lösung	Aufgabe	Lösung
1.	b)	2.	c)	3.	a)
4.	c)	5.	d)	6.	c)
7.	c)	8.	a)	9.	d)
10.	a)	11.	a)	12.	c)
13.	d)	14.	a)	15.	b)
16.	a)	17.	d)	18.	b)
19.	b)	20.	a)	21.	d)
22.	d)	23.	b)	24.	a)
25.	b)	26.	c)	27.	d)
28.	a)	29.	b)	30.	c)
31.	c)	32.	a)	33.	c)
34.	d)	35.	b)	36.	b)
37.	c)	38.	a)	39.	c)
40.	a)				

Lösungen der Auswahl-Fragen.

3.5 Test: Rechtsformen

3.5.1 Rechtsformen einfach erklärt

Für die **Gründung von Unternehmen sind in Deutschland 14 Rechtsformen zulässig**. Zu den IHK Aufgaben kann eine Rechtsformen Tabelle gehören. Grundsätzlich werden Rechtsformen im Privatrecht und im öffentlichen Recht unterschieden. Zu jeder Rechtsform solltest du eine Definition kennen. Im Privatrecht werden **Personen- und Kapitalgesellschaften unterschieden**. Zu den **Personengesellschaften** gehören

- Verein
- Gesellschaft des bürgerlichen Rechts (GbR)
- Offene Handelsgesellschaft (OHG)
- Kommanditgesellschaft (KG)
- Partnerschaft
- Europäische wirtschaftliche Interessenvereinigung (EWIV).

Zu den **Kapitalgesellschaften** gehören

- Aktiengesellschaft (AG)

- Kommanditgesellschaft auf Aktien (KGaA)
- Gesellschaft mit beschränkter Haftung (GmbH)
- Europäische Gesellschaft (Societas Europaea, SE)

Im **öffentlichen Recht** werden

- Regiebetriebe
- Eigenbetriebe
- Anstalten des öffentlichen Rechts
- Körperschaften des öffentlichen Rechts
- öffentliche Stiftungen

unterschieden.

Bei den Rechtsformen im öffentlichen Recht reicht eine Nennung in der Prüfung aus. Eine Definition ist nicht erforderlich.

3.5.2 Personengesellschaften mit Erklärung

1. Ein **Verein** ist eine freiwillige Vereinigung natürlicher oder juristischer Personen zur Verfolgung eines bestimmten Zwecks.
Beispiel: Fußballverein

2. Eine **GbR** ist die einfachste Form von Personengesellschaften und kann ohne Startkapital gegründet werden. Sie wird meistens genutzt, wenn kein Handelsgewerbe betrieben wird.
Beispiel: Gemeinschaftspraxis von Ärzten

3. Die **OHG** wird auf der Grundlage eines schriftlichen Gesellschaftsvertrages von zwei oder mehr Personen gegründet, um Handel zu betreiben. Die Gründung ist ohne Startkapital möglich. Die Eintragung in das Handelsregister ist erforderlich. Die Gesellschafter haften mit ihrem gesamten Vermögen.
Beispiel: Modeboutique, die von zwei Freundinnen gegründet wird

4. Eine **KG** wird zumeist gegründet, wenn ein Gründer führend ist und zusätzliche Gesellschafter nur ihr Kapital einbringen. Zur Gründung sind mindestens zwei Personen erforderlich. Ein Mindestkapital ist nicht vorgeschrieben. Eine Eintragung in das Handelsregister ist notwendig. Der Komplementär übernimmt die Geschäftsführung, während die Kommanditisten, die ihr Kapital eingebracht haben, nur ein Kontrollrecht haben. Der Komplementär haftet mit seinem gesamten Vermögen, während die Kommanditisten lediglich ihre Einlagen verlieren können.
Beispiel: Ein Tischler ist der Komplementär und Geschäftsführer, während zwei seiner wichtigsten Mitarbeiter Kapital einbringen und Kommanditisten sind.
Partnerschaft und EWIV sind selten und werden bei den Aufgaben nicht mit einer Erklärung verlangt.

3.5.3 Kapitalgesellschaften mit Erklärung

5. Die Rechtsform einer **AG** eignet sich für große und etablierte Unternehmen. Für die Gründung ist ein Gesellschaftsvertrag erforderlich, der notariell beurkundet wird. Das Mindestkapital liegt bei 50.000 Euro. Eine AG muss in das Handelsregister eingetragen werden. Der Vorstand führt die Geschäfte der AG. Er wird vom Aufsichtsrat kontrolliert. Alle Aktionäre dürfen an der Hauptversammlung teilnehmen. Als juristische Person haftet die Aktiengesellschaft mit ihrem gesamten Unternehmensvermögen. Die Aktionäre haften mit ihren Einlagen.

6. Eine **KGaA** ist selten und wird in der Prüfung nicht detailliert abgefragt. Als Mindestkapital sind 50.000 Euro für die Gründung erforderlich. Die Kommanditaktionäre haften mit ihren Einlagen.

7. Für die Gründung einer **GmbH** ist ein notariell beurkundeter Vertrag erforderlich. Die GmbH kann von einer Person gegründet werden, doch können beliebig viele Personen als Gesellschafter auftreten. Das Mindestkapital beträgt 25.000 Euro. Davon müssen mindestens 12.500 Euro vor der Eintragung in das Handelsregister eingezahlt sein. Die GmbH haftet mit ihrem gesamten Unternehmensvermögen. Die Gesellschafter können ihre Einlagen verlieren.

8. Eine **SE** ist selten. Eine Definition wird nicht verlangt.

Fazit: Rechtsformen solltest du kennen

Bei der Abschlussprüfung vor der IHK solltest du die Rechtsformen von Unternehmen kennen. Du solltest über das Mindestkapital und über die Haftung Bescheid wissen. Mit verschiedenen Übungen kannst du dich auf die Prüfung vorbereiten.

1. Was versteht man unter der Abkürzung GmbH?

    ○ a) Grundeinkommen mit betrieblicher Haftung

    ○ b) Gesellschaft mit bindender Haftung

    ○ c) Gesellschaft mit beschränkter Haftung

    Das Grundkapital der Aktiengesellschaft ...

2. ○ a) wird an der Börse gehandelt.

    ○ b) ist in Aktien (Anteilen) zerlegt.

    ○ c) kann durch steigende Aktienkurse erhöht werden.

    ○ d) kann durch fallende Aktienkurse gesenkt werden.

    Das Grundkapital einer Aktiengesellschaft muss mindestens ...

3.
- a) 25.000 Euro betragen.
- b) 50.000 Euro betragen.
- c) 100.000 Euro betragen.
- d) 1.000.000 Euro betragen.

Eine Aktiengesellschaft ist eine ...

4.
- a) Personengesellschaft des bürgerlichen Rechts.
- b) Kapitalgesellschaft
- c) Genossenschaft deren Kapital in Anteile gestückelt ist.
- d) offene Handelsgesellschaft

Welche der folgenden Gesellschaftsformen ist eine Kapitalgesellschaft?

5.
- a) OHG
- b) KG
- c) GmbH
- d) GmbH & Co. Kg

3.6 Lösungen: Rechtsformen

Aufgabe	Lösung	Aufgabe	Lösung	Aufgabe	Lösung
1.		2.	b)	3.	b)
4.	b)	5.	c)		

Lösungen der Auswahl-Fragen.

3.7 Test: Vertragsarten/ Rechtsgeschäfte

Bei der Abschlussprüfung vor der IHK solltest du dich mit Vertragsarten auskennen und zu jeder Vertragsart ein Beispiel bringen können. Du solltest die Definition für die jeweilige Vertragsart kennen. Mit Übungen online kannst du dich auf die verschiedenen Aufgaben in der Prüfung vorbereiten.

3.7.1 Die verschiedenen Vertragsarten im Überblick

Es gibt eine Vielzahl von Vertragsarten, die im Bürgerlichen Gesetzbuch geregelt sind und für die unterschiedliche Formvorschriften gelten. Hier sind die Vertragsarten im Überblick mit der zugehörigen Definition:

3.7.2 Kaufvertrag nach § 433 BGB

Der Kaufvertrag regelt die Übereignung und Übergabe einer Sache durch den Verkäufer an den Käufer. Der Käufer ist zur Zahlung des Kaufpreises verpflichtet. Damit ein Kaufvertrag wirksam zustande kommt, sind ein Angebot und die Annahme des Angebots erforderlich.
Für den Kaufvertrag ist keine Form notwendig.
Beispiel: Kaufvertrag für ein Auto

3.7.3 Tauschvertrag nach § 480 BGB

Die beiden Vertragspartner verpflichten sich zur gegenseitigen Übertragung von Vermögensgegenständen.
Für den Tauschvertrag gilt keine Formvorschrift.
Beispiel: Tausch eines Mountainbikes gegen ein Mofa

3.7.4 Darlehensvertrag nach § 488 BGB

Bei einem Darlehensvertrag verpflichtet sich der Darlehensgeber zur Zahlung des vereinbarten Geldbetrags an den Darlehensnehmer. Der Darlehensnehmer verpflichtet sich, innerhalb einer bestimmten Frist den Geldbetrag mit den vereinbarten Zinsen zurückzuzahlen.
Ein Darlehensvertrag muss schriftlich abgeschlossen werden.
Beispiel: Darlehensvertrag über 10.000 Euro für den Kauf eines Autos

3.7.5 Schenkungsvertrag nach § 516 BGB

Bei einem Schenkungsvertrag vereinbart eine Person die unentgeltliche Übertragung eines Vermögensgegenstandes an eine andere Person. Die andere Person muss der Schenkung zustimmen.
Eine notarielle Beurkundung des Schenkungsvertrags ist sinnvoll. Der Vertrag kommt bei Formmangel auch zustande, wenn die Schenkung erfolgt.
Beispiel: Schenkung eines Autos

3.7.6 Mietvertrag nach § 535 BGB

In einem Mietvertrag vereinbart der Vermieter die Überlassung einer Mietsache auf Zeit an den Mieter. Der Mieter muss dafür die vereinbarte Miete zahlen.
Ein Mietvertrag kann formfrei abgeschlossen werden. Eine Besonderheit gilt bei einem Vertrag über die Wohnungsmiete. Liegt nach einem Jahr nicht die Schriftform vor, gilt der Mietvertrag als zeitlich unbefristet. Die Kündigung eines Mietvertrags über Wohnungsmiete bedarf der Schriftform.
Ein Beispiel für den Mietvertrag kann nicht nur die Wohnungsmiete sein. Ein Mietvertrag kann auch für einen bestimmten Zeitraum für ein Auto abgeschlossen werden.

3.7.7 Pachtvertrag nach § 581 BGB

Bei einem Pachtvertrag vereinbart der Verpächter die Überlassung einer Sache an den Pächter gegen Entgelt (Pacht). Der Pächter muss die Pacht zahlen und darf die Erträge behalten.
Der Pachtvertrag bedarf keiner Form.
Beispiel: Ein Gartengrundstück mit Obstbäumen wird verpachtet. Der Pächter darf das Obst ernten und behalten.

3.7.8 Leihvertrag nach § 598 BGB

Bei einem Leihvertrag ist der Verleiher verpflichtet, dem Entleiher über einen bestimmten Zeitraum unentgeltlich eine Sache zum Gebrauch zu überlassen. Der Entleiher verpflichtet sich, innerhalb des vereinbarten Zeitraums die entliehene Sache in ordnungsgemäßem Zustand zurückzugeben.
Ein Leihvertrag ist formlos gültig.
Beispiel: Die Tochter darf das Auto der Mutter unentgeltlich benutzen.

3.7.9 Sachdarlehensvertrag nach § 607 BGB

Bei einem Sachdarlehensvertrag überlässt der Darlehensgeber dem Darlehensgeber die vereinbarte Sache. Der Darlehensnehmer ist verpflichtet, dem Darlehensgeber ein Darlehensentgelt und die Sache in der gleichen Güte, der gleichen Art und der gleichen Menge zurückzugeben.
Der Sachdarlehensvertrag kann formlos abgeschlossen werden.
Beispiel: Der Nachbar leiht sich von deiner Mutter zwei Päckchen Kaffee. Er muss ihr zwei Päckchen Kaffee der gleichen Sorte und ein geringes Entgelt zurückgeben.

3.7.10 Dienstvertrag nach § 611 BGB

In einem Dienstvertrag verpflichtet sich eine Person, einen bestimmten Dienst gegen eine Vergütung zu leisten.
Der Dienstvertrag bedarf selbst keiner Schriftform, doch bedarf die Kündigung des Dienstvertrages der Schriftform.
Beispiel: Arbeitsvertrag.

3.7.11 Werkvertrag nach § 631 BGB

In einem Werkvertrag verpflichtet sich ein Unternehmer, ein mangelfreies Werk herzustellen. Der Besteller ist zur Abnahme und zur Bezahlung des Werkes verpflichtet.
Der Werkvertrag kann formfrei abgeschlossen werden.
Beispiel: Eine Baufirma verpflichtet sich zum Bau eines Hauses, das der Bauherr bezahlt.

Für diesen Test hast Du insgesamt 10 Minuten Zeit.

Tipp: Oft zielen die Tests darauf ab, zu beobachten, ob Du auch unter Zeitdruck und Stress konzentriert und genau arbeiten kannst. Lass Dich also nicht aus der Ruhe bringen!

Halte Dich nicht zu lange bei einer Aufgabe auf, die Du nicht verstehst. Überspringe und markiere Dir diese und schau am Ende, wenn Du noch genug Zeit hast, einmal drüber.

WAS IST ZU TUN?

Teste hier Dein Wissen zum Thema Vertragsarten/Rechtsgeschäfte. Je Frage gibt es eine richtige Antwort.

1. In welchem Fall kommt ein Kaufvertrag rechtskräftig zustande?

    ○ a) Ein Kaufinteressent fordert ein schriftliches Angebot an.

    ○ b) Ein Kunde bekommt ein unverbindliches Angebot.

    ○ c) Ein Kaufinteressent hat ein verbindliches Angebot erhalten und bestellt daraufhin.

    ○ d) Ein Anbieter schickt einem Kunden eine unbestellte Ware.

    In welchem Fall handelt es sich um einen Pachtvertrag?

2.
   a) Ein Kunde mietet eine Wohnung.

   b) Ein Interessent nutzt ein Gartengrundstück, er zahlt dafür jeden Monat den vereinbarten Betrag und er darf die Früchte der dort befindlichen Obstbäume behalten.

   c) Veronika leiht sich von Carola fünf Äpfel. Sie gibt die Äpfel und einen kleinen Geldbetrag an Carola zurück

   d) Florian darf unentgeltlich das Auto seines Nachbarn benutzen.

Was ist der Unterschied zwischen Mietvertrag und Pachtvertrag?

3.
   a) Der Pächter darf die Erträge behalten, die er mit dem gepachteten Gegenstand erwirtschaftet hat.

   b) Der Pächter muss keine Miete zahlen.

   c) Der Pächter muss eine vergleichbare Sache zurückgeben.

   d) Der Pächter muss die gemietete Sache und einen Geldbetrag zurückgeben.

Welche der folgenden Vertragsarten ist kein Kaufvertrag?

4.
   a) Kauf eines Autos

   b) unentgeltliche Nutzung des Autos des Nachbarn

   c) Kauf einer Eigentumswohnung

   d) Kauf eines Gartengrundstücks

Bei welcher der folgenden Vertragsarten ist die Schriftform erforderlich?

5.
   a) Kaufvertrag

   b) Darlehensvertrag

   c) Werkvertrag

   d) Dienstvertrag

Deine Mutter erlaubt dir, ihr Auto zu benutzen, ohne dass du eine Gegenleistung erbringst. Um welches Vertragsverhältnis handelt es sich?

6. ○ a) Sachdarlehensvertrag

   ○ b) Mietvertrag

   ○ c) Pachtvertrag

   ○ d) Leihvertrag

   Du leihst dir von deinem Freund fünf Druckerpatronen und gibst die Druckerpatronen in der gleichen Menge und Qualität zuzüglich eines kleinen Geldbetrages an deinen Freund zurück. Um welches Vertragsverhältnis handelt es sich?

7. ○ a) Mietvertrag

   ○ b) Darlehensvertrag

   ○ c) Leihvertrag

   ○ d) Sachdarlehensvertrag

   Leon nimmt einen Kredit auf, da er sich ein Auto kaufen möchte. Um welchen Vertrag handelt es sich?

8. ○ a) Sachdarlehensvertrag

   ○ b) Mietvertrag

   ○ c) Darlehensvertrag

   ○ d) Kaufvertrag

   Wodurch kommt ein Kaufvertrag zustande?

9. ○ a) Bestellung und Lieferung

   ○ b) Angebot und Bestellung

   ○ c) Antrag und Annahme

   ○ d) Bestellung und Bestellungsannahme

   In welchem Fall wurde ein Kaufvertrag abgeschlossen?

10. ○ a) Ein Anbieter schickt auf eine Anfrage ein unverbindliches Angebot

    ○ b) Ein Kaufinteressent bestellt, die Bestellung wird angenommen.

    ○ c) Ein Anbieter schickt ein unverbindliches Angebot.

    ○ d) Ein Kaufinteressent verschickt eine Anfrage und bekommt ein unverbindliches Angebot.

Was ist nicht für jeden Kaufvertrag erforderlich?

11. ○ a) Lieferung der Ware durch den Verkäufer.

    ○ b) Annahme der Ware durch den Käufer.

    ○ c) Bezahlung der Ware durch den Käufer.

    ○ d) Notarielle Beurkundung

Welche Pflichten hat der Verkäufer beim Abschluss eines Kaufvertrages?

12. ○ a) Er muss die Ware annehmen und prüfen.

    ○ b) Er muss die Ware vertragsgemäß übergeben und den vereinbarten Kaufpreis annehmen.

    ○ c) Er muss akzeptieren, wenn der Käufer schnell zahlt und einen Skonto einbehält.

    ○ d) Er muss die Ware prüfen und Mängel sofort reklamieren

Du unterschreibst einen Arbeitsvertrag bei deinem künftigen Arbeitgeber. Um welche Vertragsart handelt es sich?

13. ○ a) Werkvertrag

    ○ b) Dienstvertrag

    ○ c) Sachdarlehensvertrag

    ○ d) Leihvertrag

Das Widerrufsrecht bei Haustürgeschäften

14. ○ a) beträgt ein Jahr

    ○ b) gilt nicht

    ○ c) beträgt zwei Wochen

    ○ d) wird frei vereinbar

Ein Maler verpflichtet sich, seinem Kunden gegen Bezahlung eine einwandfreie Arbeit zu liefern. Um welchen Vertrag handelt es sich?

15. ○ a) Arbeitsvertrag

    ○ b) Werkvertrag

    ○ c) Dienstvertrag

    ○ d) Kaufvertrag

Was ist der Unterschied zwischen einem Leihvertrag und einem Sachdarlehensvertrag?

16. ○ a) Es gibt keinen, da beides dasselbe ist.

    ○ b) Bei einem Leihvertrag muss Geld bezahlt werden, bei einem Sachdarlehensvertrag nicht.

    ○ c) Bei einem Leihvertrag gibt der Entleiher den entliehenen Gegenstand zuzüglich einem vereinbarten Geldbetrag zurück.

    ○ d) Bei einem Sachdarlehensvertrag gibt der Darlehensnehmer eine Sache in der gleichen Qualität und Menge, wie die überlassene Sache zuzüglich eines Darlehenentgelts zurück.

Bei welcher Vertragsart wird man zum Besitzer und Eigentümer einer Sache?

17. ○ a) Mietvertrag

    ○ b) Kaufvertrag

    ○ c) Pachtvertrag

    ○ d) Darlehensvertrag

Ein Arzt schließt mit dem Eigentümer eines Geschäftsgebäudes einen Vertrag. Er schließt einen Vertrag über die Nutzung der Geschäftsräume gegen Entgelt, in denen er seine Praxis eröffnet. Um welchen Vertrag handelt es sich?

18.
- a) Mietvertrag
- b) Pachtvertrag
- c) Leihvertrag
- d) Sachdarlehensvertrag

Du gehst zu einer Autovermietung und nimmst ein Auto für eine Woche zur entgeltlichen Nutzung
entgegen. Um welche Vertragsart handelt es sich?

19.
- a) Mietvertrag
- b) Leihvertrag
- c) Sachdarlehensvertrag
- d) Kaufvertrag

Bei welcher der folgenden Vertragsarten handelt es sich nicht um einen Mietvertrag?

20.
- a) Entgeltliche Nutzung über einen bestimmten Zeitraum
- b) Nutzung einer Wohnung gegen Geld
- c) Nutzung eines Gartengrundstücks gegen Geld und Recht, die dort geernteten Früchte zu verwenden
- d) Nutzung einer Gartenfräse über einen Tag gegen Geld

3.8 Lösungen: Vertragsarten/ Rechtsgeschäfte

Aufgabe	Lösung	Aufgabe	Lösung	Aufgabe	Lösung
1.	c)	2.	b)	3.	a)
4.	b)	5.	b)	6.	d)
7.	d)	8.	c)	9.	b)
10.	b)	11.	d)	12.	b)
13.	b)	14.	c)	15.	b)
16.	d)	17.	b)	18.	b)
19.	a)	20.	c)		

Lösungen der Auswahl-Fragen.

3.9 Test: Recht Grundwissen

Dieser Test besteht aus 20 Fragen. Du hast dafür insgesamt 5 min Zeit.

Tipp: Oft zielen die Tests darauf ab, zu beobachten, ob Du auch unter Zeitdruck und Stress konzentriert und genau arbeiten kannst. Lass Dich also nicht aus der Ruhe bringen!

Halte Dich nicht zu lange bei einer Aufgabe auf, die Du nicht verstehst. Überspringe und markiere Dir diese und schau am Ende, wenn Du noch genug Zeit hast, einmal drüber.

WAS IST ZU TUN?

Teste hier dein Grundwissen zu Recht und Justiz!

1. Welche Bedeutung hat die Abkürzung „StPO"?
   - ○ a) Strafpolizeiordnung
   - ○ b) Steuerpolizeiordnung
   - ○ c) Strafprozessordnung
   - ○ d) Staatspolizeiorganisation
   - ○ e) Straßenverkehrsordnung

   Wo hat das Bundesverfassungsgericht seinen Sitz?
2.
   - ○ a) München
   - ○ b) Leipzig
   - ○ c) Kassel
   - ○ d) Karlsruhe
   - ○ e) Berlin

   Was besagt der sogenannte „Taschengeldparagraph"?

3.
- a) Minderjährigen ist ein Taschengeld von den Eltern zu gewähren
- b) Grundsätzlich muss kein Taschengeld bezahlt werden
- c) Ein Minderjähriger kann grundsätzlich mit seinem Taschengeld einen wirksamen Vertrag schließen
- d) Minderjährige können Taschengeld vom Staat verlangen
- e) Keine Antwort ist richtig

Mit welchem Alter gilt man in Deutschland als unbeschränkt Geschäftsfähigkeit im Sinne des Bürgerlichen Gesetzbuches?

4.
- a) Mit Vollendung der Geburt
- b) Mit 7 Jahren
- c) Mit 14 Jahren
- d) Mit 18 Jahren
- e) Mit 21 Jahren

Wo hat der Europäische Gerichtshof seinen Sitz?

5.
- a) Luxemburg
- b) Den Haag
- c) Brüssel
- d) Straßburg

Wer untersteht der Jurisdiktion des Europäischen Gerichtshofs für Menschenrechte?

6.
- a) Alle Mitglieder des Europarats.
- b) Alle Mitglieder der EU.
- c) Alle Mitglieder der UNO.
- d) Alle Staaten, die sich selbst dazu verpflichtet haben.

Wie lange dauert die Regelstudienzeit im Studium der Rechtswissenschaften (Jura) üblicherweise?

7. ○ a) 9 Semester
   ○ b) 8 Semester
   ○ c) 10 Semester
   ○ d) 7 Semester

   Wie wird ein Jurastudium üblicherweise abgeschlossen?
8. ○ a) Staatsexamen
   ○ b) Bachelorarbeit
   ○ c) Masterarbeit
   ○ d) mündliche Prüfung

   Das deutsche Rechtssystem ist in vier Bereiche gegliedert. Welcher ist keiner davon?
9. ○ a) Verwaltungsrecht
   ○ b) Verfassungsrecht
   ○ c) Öffentliches Recht
   ○ d) Strafrecht

   Was wird im Individualarbeitsrecht geregelt?
10. ○ a) Das Verhältnis zwischen Arbeitgeber und Arbeitnehmer.
    ○ b) Das Verhältnis zwischen Auftraggeber und Auftragnehmer.
    ○ c) Das Verhältnis zwischen Gewerkschaften und Arbeitgeberverbänden.
    ○ d) Gesundheitliche Aspekte einer Beschäftigung.

    Wo sind die Quellen des antiken römischen Rechts gesammelt?
11. ○ a) Corpus Iuris Civilis
    ○ b) Carpe Diem
    ○ c) Magna Carta
    ○ d) Codex maximus

Was ist laut Georg Jellinek kein Element des Völkerrechts?

12. a) Rechtssystem
    b) Staatsgewalt
    c) Staatsgebiet
    d) Staatsvolk

Wer prägte den Begriff des Gewaltmonopols eines Staates?

13. a) Max Weber
    b) Emile Durkheim
    c) Karl Marx
    d) Jürgen Habermas

Welche Frage wirft der Begriff der Rechtsgeltung auf?

14. a) Die Frage nach der Gültigkeit von Gesetzen.
    b) Die Frage nach der Verurteilung aufgrund von Gesetzen.
    c) Die Frage der Wiedergutmachung durch Gesetze.

Was ist ein positives Recht?

15. a) ein vom Menschen gesetztes Recht
    b) ein Gesetz, das positive Auswirkungen hat
    c) ein von der Natur gesetztes Recht
    d) ein Gesetz, das negative Auswirkungen hat

Was ist ein Gewohnheitsrecht?

16. a) Ein ungeschriebenes Recht, das nicht durch Gesetzgebung zustande kommt.
    b) Ein geschriebenes Recht, das nach einer andauernden Anwendung Gesetz wird.
    c) Ein Recht, das nicht mit Gesetzen gleichberechtigt ist.
    d) Es ist kein Recht im eigentlichen Sinn, sondern nur eine gesellschaftliche Vereinbarung.

Wo ist das Jedermannsrecht heute noch weit verbreitet?

17.
- a) Skandinavien
- b) Osteuropa
- c) Südeuropa
- d) Balkan

Die sogenannte Judikative ist die ...

18.
- a) ...ausführende Gewalt.
- b) ...richterliche Gewalt.
- c) ...gesetzgebende Gewalt.
- d) ...gesetzliche Gewalt.

3.10 Lösungen: Recht Grundwissen

Aufgabe	Lösung	Aufgabe	Lösung	Aufgabe	Lösung
1.	c)	2.	d)	3.	c)
4.	d)	5.	a)	6.	a)
7.	c)	8.	a)	9.	a)
10.	a)	11.	a)	12.	a)
13.	a)	14.	a)	15.	a)
16.	a)	17.	a)	18.	b)

Lösungen der Auswahl-Fragen.

4 Arbeitsrecht und Soziale Sicherung

Die sogenannte Judikative ist die ...

4.1 Jugendarbeitsschutzgesetz und Mutterschutz

Um ein faires Miteinander zwischen Arbeitgebern und Arbeitnehmern zu sichern, wurden vielfältige Gesetze zum Arbeitsschutz eingeführt. Diese regeln grundlegende Aspekte wie Arbeitszeiten, Pausen und Erholungszeiten (Urlaub) sowie den Schutz der Mitarbeiter in Bezug auf die Arbeitssicherheit. Hiermit sollen die Gesundheit und die Leistungsfähigkeit von Angestellten langfristig geschützt und vorsorglich gesichert werden. Besondere Aspekte im Arbeitsschutz sind das Jugendarbeitsschutzgesetz und der Mutterschutz.

Was ist das Jugendarbeitsschutzgesetz (JArbSchG)?

Die Ausbildung ist der erste Schritt ins Berufsleben. Häufig sind Auszubildende jedoch noch nicht volljährig. Das Jugendarbeitsschutzgesetz, Abkürzung JarbSchG, im Verbund mit der Kinderarbeitsschutzverordnung (KindArbSchV) treten dann in Kraft, wenn eine Tätigkeit gegen Bezahlung aufgenommen wird und das 18. Lebensjahr noch nicht vollendet ist. Die Regelungen aus dem Jugendarbeitsschutz gelten sowohl für die Ausbildung als auch für Nebenjobs und Praktika.

Zu den wichtigsten Aspekten im Jugendarbeitsschutzgesetz zählen die Arbeitszeiten, die Pausenzeiten sowie der Gesundheit, einschließlich dem Schutz vor Überforderung und Überbelastung für Jugendliche im Alter von 15 Jahren bis zum 18. Geburtstag.

Kinderarbeit ist verboten – Regelungen für Arbeit bei Jugendlichen

Kinderarbeit ist in Deutschland verboten, was bedeutet, dass Kinder bis 12 Jahren nach § JArbSchG gar nicht arbeiten dürfen. Ab 13 Jahren dürfen Kinder leichte Arbeiten übernehmen, sofern die Arbeitszeit zwei Stunden am Tag nicht überschreitet. Eine Ausnahme bildet die gerichtliche Verordnung von "Sozialstunden", welche über den Zeitraum von vier Wochen hinausgehen dürfen. Möchten Jugendliche vor dem 15. Lebensjahr tätig werden, beispielsweise im Rahmen einer kulturellen Veranstaltung, bedarf es einer schriftlich zu beantragenden Sondergenehmigung.

Ab 15 Jahren kann ein Jugendlicher nach Beendigung der Vollzeitschulpflicht (z.B. durch eine

Schulabschluss) eine Ausbildung beginnen. Hierfür bedarf es einer ärztlichen Untersuchung, welche die Eignung des Jugendlichen für die Tätigkeit bestätigt.

Arbeitszeiten, Pausen und Ruhezeiten

Die Arbeitszeit darf höchstens 8 Stunden am Tag, 40 Stunden pro Woche sowie an 5 Tagen in der Woche betragen. Die Arbeitszeit und die Pausenzeiten dürfen zusammen maximal 10 Stunden am Tag betragen. Wechselnder Schichtdienst ist für Minderjährige in der Regel ebenso ausgeschlossen wie die Arbeit an Wochenenden und Feiertage. Erfordern branchenübliche Arbeitszeiten die Teilnahme des Auszubildenden ab 16 Jahren am Schichtdienst, darf die Schicht 10 Stunden, in begründeten Ausnahmen bis zu 11 Stunden umfassen.

Branchenübliche Ausnahmen finden sich beispielsweise im Gesundheitswesen, in der Gastronomie / Hotellerie, im Verkehrswesen oder in der Landwirtschaft. In diesen Branchen müssen entsprechende Ausgleichsregelungen eingehalten und mindestens zwei Samstage im Monat arbeitsfrei gegeben werden.

Die Arbeitszeit beginnt für Jugendliche bis 16 Jahre frühestens um 6 Uhr am Morgen und muss grundlegend bis 20 Uhr beendet sein. Ab 16 kann branchenbezogen die Arbeitszeit um 5 Uhr, ab 17 Jahren um 4 Uhr beginnen (z.B. Bäckerei), das Arbeitsende je nach Tätigkeit und Unternehmensabläufen auf 21 Uhr (z.B. Landwirtschaft ab 16 Jahren) oder 22 Uhr (Gastronomie ab 16 Jahren) verschoben werden.

Pausen- und Ruhezeiten sind im Jugendarbeitsschutzgesetz ebenfalls genau festgelegt. So muss bei einer täglichen Arbeitszeit von mehr als 4,5 h eine Arbeitspause von 30 Minuten gemacht werden, bei einer Arbeitszeit von mehr als 6 Stunden sind Pausen von insgesamt mindestens 60 Minuten Pflicht. Die erste Arbeitspause von mindestens 15 Minuten muss dabei spätestens nach 4,5 Stunden gemacht werden. Entstehen durch kurzfristige Mehrarbeit Überstunden, ist die geleistete Mehrarbeit in einem Zeitraum von drei Wochen auszugleichen.

Zwischen den Tätigkeiten muss jeweils eine Ruhephase von 12 Stunden bestehen. Aus diesem Grund darf ein Auszubildender, der am Abend bis 20 Uhr gearbeitet hat, am nächsten Tag erst um 8 Uhr morgens wieder mit der Arbeit beginnen. Entsprechend muss die Arbeitszeit an Tagen vor den Berufsschultagen spätestens um 20 Uhr enden. Für den Berufsschulunterricht ist der Auszubildende stets freizustellen. Die Schulzeit gilt für den Auszubildenden als Arbeitszeit.

Urlaubsanspruch für Jugendliche

Der Urlaubsanspruch ist für Jugendliche nach dem Alter festgelegt. Bei einer klassischen 5-Tage-Woche (alternativ Umrechnung auf 6-Tage-Woche) für minderjährige Auszubildende sind folgende Urlaubstage festgelegt:

bis 16 Jahre: 25 Werktage (30 Tage)
bis einschließlich 17 Jahre: 23 Werktage (27 Tage)
bis zum 18. Geburtstag: 21 Werktage (25 Tage).

Mit der Vollendung des 18. Lebensjahrs endet die Zuständigkeit des Jugendarbeitsschutzgesetzes (JarbSchG).

Nicht nur während der Ausbildung wichtig: Mutterschutzgesetz

Als Mutterschutz wird eine besondere Schutzsituation für Arbeitnehmerinnen bezeichnet, die schwanger sind oder gerade ein Kind zur Welt gebracht haben. Der Mutterschutz gilt für alle Arbeitsverhältnisse unabhängig von vertraglich vereinbarten Arbeitszeiten. Dabei wirkt sich der Mutterschutz eingeschränkt auch auf befristete Arbeitsverhältnisse wie eine Ausbildung aus.

Ein festgelegtes Ende in einem befristeten Arbeitsvertrag läuft grundlegend auch während dem Mutterschutz aus. Ausnahmen können bei einer Ausbildung auf Antrag gewährt werden. So kann beispielsweise die Ausbildungszeit durch eine Mutterschutzzeit um ein Jahr verlängert werden, um das Ziel der abgeschlossenen Ausbildung zu einem späteren Zeitpunkt zu erreichen.

Der Mutterschutz umfasst verschiedene Aspekte wie beispielsweise:

- einen besonderen Kündigungsschutz,
- den Gesundheitsschutz am Arbeitsplatz,
- ein Beschäftigungsverbot für einen festgelegten Zeitraum vor und nach der Geburt sowie
- die Sicherung des Einkommens während Schwangerschaft und Mutterschutzzeit.

Mutterschutz und Beschäftigungsverbote

Der Mutterschutz tritt ein, sobald die Mitarbeiterin den Arbeitgeber darüber informiert, dass sie schwanger ist. Ab diesem Zeitpunkt muss der Gesundheitsschutz am Arbeitsplatz gewährleistet und die Abklärung von Beschäftigungsverboten durch den Arbeitgeber geprüft werden.

Während dem Mutterschutz unterliegen sowohl die werdende Mutter als auch das ungeborene Kind einem besonderen Schutz, weshalb eine Arbeit mit besonderen Belastungen nicht ausgeführt werden darf. In diesen Fällen kann ein Beschäftigungsverbot für die schwangere Mitarbeiterin gesetzlich vorgeschrieben sein oder vom Arzt bzw. dem Arbeitgeber ausgesprochen werden. Dies gilt beispielsweise für das Arbeiten

- mit gesundheitsgefährdenden Stoffen, Strahlung, infektiösem Material,
- körperlich fordernden Tätigkeiten wie dem Tragen schwerer Lasten,
- mit hoher Lärm- oder Umweltbelastung,
- bei Tätigkeiten mit hoher Fußbeanspruchung (z.B. Maschinen- und Fahrzeugbedienung),
- erhöhter Unfallgefahr oder der Gefahr von Berufskrankheiten,
- Nachtarbeit sowie Arbeit an Sonn- und Feiertagen,
- Akkord- und Fließbandarbeit u.a.

Ab dem 6. Schwangerschaftsmonat kann zudem ein Beschäftigungsverbot erforderlich werden, wenn die Arbeit eine tägliche Stehzeit von vier Stunden ohne ausreichende Bewegung nötig macht.

Mutterschutzfristen

Die Mutterschutzfrist gilt in der Regel 6 Wochen vor dem errechneten Geburtstermin und endet 8 Wochen nach der Geburt und dauert somit mindestens 14 Wochen. In dieser Zeit ist die werdende oder gewordene Mutter unter gesetzlichen Lohnfortzahlung von der Arbeit freizustellen. Die Lohnfortzahlung erfolgt gemeinschaftlich durch die gesetzliche Krankenkasse und den Arbeitgeber in Höhe des durchschnittlichen Nettogehaltes der letzten drei Monate.

Abweichungen von den regulären Mutterschutzfristen gibt es, wenn das Kind früher oder später als der errechnete Geburtstermin auf die Welt kommt. Bei Frühgeburten erhöht sich die Mutterschutzfrist um vier Wochen auf 18 Wochen. Ebenso endet die Mutterschutzfrist erst 12 Wochen nach der Geburt bei Mehrlingsgeburten (z.B. Zwillinge) oder wenn das Kind mit einer Behinderung auf die Welt kommt und ein entsprechender Antrag bei der Krankenkasse gestellt wird.

Auf die Mutterschutzfristen darf die Arbeitnehmerin als Auszubildende ebenso wie als festangestellte Mitarbeiterin nicht generell verzichten, wenn sie in einem Angestelltenverhältnis steht. Zwar darf sie schwanger und gesund vor der Geburt länger arbeiten, wenn dies der ausdrückliche Wunsch ist, jedoch gilt nach der Geburt eine festgelegte Mindestzeit für die Mutterschutzfrist von 8 Wochen nach der Geburt, in der ein Beschäftigungsverbot besteht. Eine Ausnahme gilt im Fall einer Totgeburt oder dem Tod des Kindes nach der Geburt. In diesen Fällen kann die Mutterschutzfrist in Anspruch genommen werden, auf eigenen Wunsch kann die Arbeitnehmerin jedoch auch 2 Wochen nach der Entbindung wieder arbeiten gehen. Ebenso gibt es abweichende Regelungen für Mitarbeiterinnen im Beamtenstatus und selbständige Frauen.

4.2 Ausbildungsvertrag (IHK Prüfung)

Fragen zum Ausbildungsvertrag in der IHK Abschlussprüfung

In vielen Berufen liegt die Verantwortung für die Abschlussprüfung zum Ende der Ausbildung bei der jeweiligen handwerklichen Innung. Bei einer Vielzahl von Tätigkeiten modernerer Art wird die Abschlussprüfung dagegen bei der örtlich zuständigen Industrie- und Handelskammer abgenommen. Dies betrifft sowohl kaufmännische als auch gewerblich-technische Berufe. Hinzu kommt der große Bereich Druck und Medien.

Das Arbeitsrecht nimmt einen breiten Raum ein

Im Rahmen der Zwischen- und Abschlussprüfung werden zahlreiche Felder abgedeckt. Dies betrifft vor allem Felder mit spezifischen Fragen zur jeweiligen Fachrichtung. Parallel geht es in den Prüfungen aber auch um ökonomische und soziale Fragen. Gleiches gilt für das kollektive und individuelle Arbeitsrecht. Für Auszubildende und Ausbilder ist in diesem Zusammenhang von allen das Berufsbildungsgesetz (BBiG) von entscheidender Bedeutung. Entsprechend viele Fragen zu diesem Themenkomplex sind in den Prüfungen der IHK regelmäßig enthalten.

Rechte und Pflichten von Auszubildenden laut Ausbildungsvertrag

Die Fragen betreffen mehrheitlich die rechtliche Stellung von Auszubildenden innerhalb des Betriebs. Dabei geht es etwa darum, welche Arten von Tätigkeiten einer oder einem Auszubildenden übertragen werden können, zu welchen Zeiten sie arbeiten dürfen und viele ähnliche Fragestellungen. Im Rahmen der Ausbildung hast Du nicht nur Anrecht darauf, dass die Lehre auf ein klar definiertes Ausbildungsziel ausgerichtet ist, sondern auch auf die Betreuung durch einen zur Ausbildung befähigten Ausbilder. Weiterhin können Fragen die formellen Rahmenbedingungen der Ausbildung wie das Berichtsheft oder auch tarifvertragliche Fragen beinhalten.

Für ein solides Grundlagenwissen sorgen

Bei der Vorbereitung auf Abschlussprüfung der IHK solltest Du Dich deshalb auch in diese Bereiche intensiv einarbeiten und Deine Arbeitsblätter zum Berufsbildungsgesetz noch einmal in Ruhe durchlesen. Zusätzlich kann es nicht schaden, Probeaufgaben mit Fragen zum Ausbildungsvertrag und zur Durchführung der Ausbildung zu lösen, um optimal vorbereitet in die Prüfung zu gehen. Folgende Musterfragen geben Dir einen ersten Anhaltspunkt, in welchen Bereichen hier gegebenenfalls noch Nachbesserungsbedarf besteht. Wie in der Prüfung sind die Aufgaben in Form eines Multiple-Choice-Tests verfasst. Teilweise sind mehrere Antworten richtig.

4.3 Das duale Ausbildungssystem

Fragen zum Ausbildungsvertrag in der IHK Abschlussprüfung

In vielen Berufen liegt die Verantwortung für die Abschlussprüfung zum Ende der Ausbildung bei der jeweiligen handwerklichen Innung. Bei einer Vielzahl von Tätigkeiten modernerer Art wird die Abschlussprüfung dagegen bei der örtlich zuständigen Industrie- und Handelskammer abgenommen. Dies betrifft sowohl kaufmännische als auch gewerblich-technische Berufe. Hinzu kommt der große Bereich Druck und Medien.

Das Arbeitsrecht nimmt einen breiten Raum ein

Im Rahmen der Zwischen- und Abschlussprüfung werden zahlreiche Felder abgedeckt. Dies betrifft vor allem Felder mit spezifischen Fragen zur jeweiligen Fachrichtung. Parallel geht es in den Prüfungen aber auch um ökonomische und soziale Fragen. Gleiches gilt für das kollektive und individuelle Arbeitsrecht. Für Auszubildende und Ausbilder ist in diesem Zusammenhang von allen das Berufsbildungsgesetz (BBiG) von entscheidender Bedeutung. Entsprechend viele Fragen zu diesem Themenkomplex sind in den Prüfungen der IHK regelmäßig enthalten.

Rechte und Pflichten von Auszubildenden laut Ausbildungsvertrag

Die Fragen betreffen mehrheitlich die rechtliche Stellung von Auszubildenden innerhalb des Betriebs. Dabei geht es etwa darum, welche Arten von Tätigkeiten einer oder einem Auszubildenden übertragen werden können, zu welchen Zeiten sie arbeiten dürfen und viele ähnliche Fragestellungen. Im Rahmen der Ausbildung hast Du nicht nur Anrecht darauf, dass die Lehre auf ein klar definiertes Ausbildungsziel ausgerichtet ist, sondern auch auf die Betreuung durch einen zur Ausbildung befähigten Ausbilder. Weiterhin können Fragen die formellen Rahmenbedingungen der Ausbildung wie das Berichtsheft oder auch tarifvertragliche Fragen beinhalten.

Für ein solides Grundlagenwissen sorgen

Bei der Vorbereitung auf Abschlussprüfung der IHK solltest Du Dich deshalb auch in diese Bereiche intensiv einarbeiten und Deine Arbeitsblätter zum Berufsbildungsgesetz noch einmal in Ruhe durchlesen. Zusätzlich kann es nicht schaden, Probeaufgaben mit Fragen zum Ausbildungsvertrag und zur Durchführung der Ausbildung zu lösen, um optimal vorbereitet in die Prüfung zu gehen. Folgende Musterfragen geben Dir einen ersten Anhaltspunkt, in welchen Bereichen hier gegebenenfalls noch Nachbesserungsbedarf besteht. Wie in der Prüfung sind die Aufgaben in Form eines Multiple-Choice-Tests verfasst. Teilweise sind mehrere Antworten richtig.

4.4 Test: Willenserklärung (IHK Prüfungswissen)

Fragen zum Ausbildungsvertrag in der IHK Abschlussprüfung

In vielen Berufen liegt die Verantwortung für die Abschlussprüfung zum Ende der Ausbildung bei der jeweiligen handwerklichen Innung. Bei einer Vielzahl von Tätigkeiten modernerer Art wird die Abschlussprüfung dagegen bei der örtlich zuständigen Industrie- und Handelskammer abgenommen. Dies betrifft sowohl kaufmännische als auch gewerblich-technische Berufe. Hinzu kommt der große Bereich Druck und Medien.

Das Arbeitsrecht nimmt einen breiten Raum ein

Im Rahmen der Zwischen- und Abschlussprüfung werden zahlreiche Felder abgedeckt. Dies betrifft vor allem Felder mit spezifischen Fragen zur jeweiligen Fachrichtung. Parallel geht es in den Prüfungen aber auch um ökonomische und soziale Fragen. Gleiches gilt für das kollektive und individuelle Arbeitsrecht. Für Auszubildende und Ausbilder ist in diesem Zusammenhang von allen das Berufsbildungsgesetz (BBiG) von entscheidender Bedeutung. Entsprechend viele Fragen zu diesem Themenkomplex sind in den Prüfungen der IHK regelmäßig enthalten.

Rechte und Pflichten von Auszubildenden laut Ausbildungsvertrag

Die Fragen betreffen mehrheitlich die rechtliche Stellung von Auszubildenden innerhalb des Betriebs. Dabei geht es etwa darum, welche Arten von Tätigkeiten einer oder einem Auszubildenden übertragen werden können, zu welchen Zeiten sie arbeiten dürfen und viele ähnliche Fragestellungen. Im Rahmen der Ausbildung hast Du nicht nur Anrecht darauf, dass die Lehre auf ein klar definiertes Ausbildungsziel ausgerichtet ist, sondern auch auf die Betreuung durch einen zur Ausbildung befähigten Ausbilder. Weiterhin können Fragen die formellen Rahmenbedingungen der Ausbildung wie das Berichtsheft oder auch tarifvertragliche Fragen beinhalten.

Für ein solides Grundlagenwissen sorgen

Bei der Vorbereitung auf Abschlussprüfung der IHK solltest Du Dich deshalb auch in diese Bereiche intensiv einarbeiten und Deine Arbeitsblätter zum Berufsbildungsgesetz noch einmal in Ruhe durchlesen. Zusätzlich kann es nicht schaden, Probeaufgaben mit Fragen zum Ausbildungsvertrag und zur Durchführung der Ausbildung zu lösen, um optimal vorbereitet in die Prüfung zu gehen. Folgende Musterfragen geben Dir einen ersten Anhaltspunkt, in welchen Bereichen hier gegebenenfalls noch Nachbesserungsbedarf besteht. Wie in der Prüfung sind die Aufgaben in Form eines Multiple-Choice-Tests verfasst. Teilweise sind mehrere Antworten richtig.

1. Was ist eine Willenserklärung?

    ☐ a) jede Äußerung, die vor anderen getätigt wird

    ☐ b) eine politische Äußerung

    ☐ c) eine private Willensäußerung, die auf ein Rechtsgeschäft abzielt

    ☐ d) eine schriftliche Erklärung

    Was sind Angebot und Annahme?

2. ☐ a) Das Heben der Hand im Rahmen einer Auktion

    ☐ b) Die Willenserklärungen eines Vertrags

    ☐ c) Synonyme für Unterschriften

    Nenne ein Beispiel für ein einseitiges Rechtsgeschäft

3. ☐ a) Der Einkauf im Supermarkt

    ☐ b) Die Auktion

    ☐ c) Der Erwerb einer Fahrkarte am Automaten

    ☐ d) Das Testament

    Was ist der objektive Bestandteil einer Willenserklärung?

4. ☐ a) Das nach außen erkennbare Verhalten einer erklärenden Person

    ☐ b) Die Reaktion des Vertragspartners auf ein Angebot

    ☐ c) Ein schriftlicher Vertrag

Was geschieht, wenn der objektive Teil einer Willenserklärung nicht eindeutig ist?

5. ☐ a) Der Empfänger entscheidet, wie er ihn versteht

☐ b) Er wird ausgelegt

☐ c) Die Willenserklärung ist unwirksam

Du schlägst mit Deiner Hand nach einer Fliege. Womit handelst Du?

6. ☐ a) Handlungswille

☐ b) Erklärungswille

☐ c) Geschäftswille

Du liegst im Koma und Deine Freundin nimmt Deine Hand und unterschreibt damit ein Dokument. Was fehlt Dir?

7. ☐ a) Handlungswille

☐ b) Erklärungswille

☐ c) Geschäftswille

Wonach wird ein zweiseitiges Rechtsgeschäft ausgelegt?

8. ☐ a) § 133 BGB

☐ b) §§ 133, 157 BGB

☐ c) § 17 HGB

☐ d) § 112 HGB

Was ist der Erklärungswille?

9. ☐ a) Der Wille, sich rechtserheblich zu verhalten

☐ b) Der Wille, eine mündliche Erklärung abzugeben

☐ c) Der Wille, den Inhalt einer Handlung zu erklären

Welcher Teil des subjektiven Tatbestands einer Willenserklärung ist anfechtbar?

10. ☐ a) Handlungswille

☐ b) Erklärungswille

☐ c) Geschäftswille

4.5 Lösungen: Willenserklärung (IHK Prüfungswissen)

Aufgabe	Lösung	Aufgabe	Lösung	Aufgabe	Lösung
1.	c)	2.	b)	3.	d)
4.	a)	5.	b)	6.	a)
7.	a), b), c)	8.	b)	9.	a)
10.	c)				

Lösungen der Auswahl-Fragen.

4.6 Test: Arbeitsrecht (IHK Prüfungswissen)

Welcher Teil des subjektiven Tatbestands einer Willenserklärung ist anfechtbar?

1. Als was wird eine Arbeitsniederlegung bezeichnet, die nicht von einer Gewerkschaft getragen wird?

   ☐ a) Kalter Streik

   ☐ b) Schwerpunktstreik

   ☐ c) Wilder Streik

   ☐ d) Flächenstreik

   ☐ e) Sympathiestreik

   Welche Fragen dürfen von Arbeitgeberseite bei einem Bewerbungsgespräch gestellt werden?

2. ☐ a) Es darf alles gefragt werden.

☐ b) Es besteht ein berechtigtes Interesse des Arbeitgebers, von Arbeitnehmern alles zu erfahren, weil er von deren Zuverlässigkeit abhängig ist.

☐ c) Fragen, die nichts mit angebahnten Arbeitsplatz zu tun haben, sind nicht zulässig. Es besteht insoweit besteht eine Unterlassungspflicht im Rahmen des vorvertraglichen Vertrauensverhältnisses.

Welcher der aufgeführten Anhaltspunkte muss eine Person in jedem Fall erfüllen, um als Arbeitgeber zu fungieren?

3. ☐ a) Es muss eine Gewerbeanmeldung vorliegen

☐ b) Es muss ein Eintrag im Handelsregister erfolgt sein

☐ c) Er muss mindestens einen Arbeitnehmer beschäftigen

☐ d) Er muss einen Abschluss als Meister haben

Wie kann die Kündigung eines Arbeitsverhältnisses erfolgen?

4. ☐ a) Per Post

☐ b) Mündlich

☐ c) Durch persönlich übergebenes Kündigungsschreiben

☐ d) Per Telefax

Wie lange darf die Probezeit bei einem Arbeitsverhältnis maximal dauern?

5. ☐ a) Drei Monate

☐ b) Sechs Monate

☐ c) Ein Jahr

☐ d) Zwei Jahre

Welcher der folgenden Tatbestände stellt einen fristlosen Kündigungsgrund dar?

6. ☐ a) Häufiges Zuspätkommen

   ☐ b) Diebstahl am Arbeitsplatz

   ☐ c) Unfall mit Dienstwagen

   ☐ d) Sexuelle Belästigung am Arbeitsplatz

   Bei welchem der folgenden Beispiele kann es sich nicht um eine Tarifvertragspartei handeln?

7. ☐ a) Einzelner Arbeitnehmer

   ☐ b) Einzelner Arbeitgeber

   ☐ c) Gewerkschaft

   ☐ d) Vereinigung von Arbeitgebern

   Wie lang ist die Kündigungsfrist, wenn das Beschäftigungsverhältnis bereits seit acht Jahren besteht?

8. ☐ a) Einen Monat zum Ende eines Kalendermonats

   ☐ b) Zwei Monate zum Ende eines Kalendermonats

   ☐ c) Drei Monate zum Ende eines Kalendermonats

   ☐ d) Vier Monate zum Ende eines Kalendermonats

4.7 Lösungen: Arbeitsrecht (IHK Prüfungswissen)

Aufgabe	Lösung	Aufgabe	Lösung	Aufgabe	Lösung
1.	c)	2.	c)	3.	c)
4.	a), c)	5.	b)	6.	b), d)
7.	a)	8.	c)		

Lösungen der Auswahl-Fragen.

4.8 Test: Das duale Ausbildungssystem

Wie lang ist die Kündigungsfrist, wenn das Beschäftigungsverhältnis bereits seit acht Jahren

Arbeitsrecht und Soziale Sicherung

besteht?

1. Was ist mit dem "dualen System" der Ausbildung gemeint?

   ☐ a) Die Berufsausbildung wird durch den Betrieb und die Berufsschule zusammen durchgeführt.

   ☐ b) Die Prüfung besteht aus zwei Prüfungen, der Zwischen- und der Abschlussprüfung.

   ☐ c) Die Prüfung besteht aus zwei Teilen, einem schriftlichen und einem praktischen Teil.

   ☐ d) Der Betrieb und die IHK arbeiten bei der Ausbildung zusammen.

   Welchen Schulabschluss benötigt man mindestens für eine duale Ausbildung?

2. ☐ a) Ersten Schulabschluss (ESA)

   ☐ b) keinen

   ☐ c) Mittleren Schulabschluss (MSA)

   ☐ d) Fachhochschulreife

   Welche beruflichen Chancen ergeben sich aus einem Berufsabschluss?

3. ☐ a) Die Einstellung und Entlohnung als Fachkraft

   ☐ b) Keine Weiterbildungsmöglichkeiten

   ☐ c) Es macht keinen Unterschied, ob man einen Abschluss hat oder nicht

   ☐ d) Man wird direkt zur Führerscheinprüfung zugelassen

   Wie wird eine Berufsausbildung ordnungsgemäß beendet?

4. ☐ a) Die Ausbildung endet automatisch nach der Ausbildungszeit.

   ☐ b) Die Ausbildung wird mit einer Gesellen- oder Abschlussprüfung beendet

   ☐ c) Die Ausbildung wird mit einem Gespräch im Ausbildungsbetrieb beendet

   Wer überwacht die betriebliche Eignung zur Ausbildung?

5. ☐ a) Die zuständige Industrie-und Handelskammer

   ☐ b) Der Ausbildende

   ☐ c) Die Gewerkschaft

   ☐ d) Die Berufsschule

Welche der folgenden Aussagen zu Berichtsheften treffen zu?

6. ☐ a) Das Berichtsheft wird durch den ausbildenden Betrieb erstellt.

   ☐ b) Das Berichtsheft kann während der Arbeitszeit ausgefüllt werden.

   ☐ c) Das Berichtsheft wird von der Berufsschule korrigiert und benotet.

   ☐ d) Die Führung des Berichtshefts ist im Ausbildungsvertrag festgelegt.

Was ist das Besondere an einer außbetrieblichen Ausbildung?

7. ☐ a) Die Auszubildenden sind während ihrer Ausbildung nicht im Betrieb

   ☐ b) Die Ausbildung findet in anerkannten Berufsbildungseinrichtungen statt

   ☐ c) Die Ausbildung findet in verschiedenen Unternehmen statt

Welches Gesetz regelt den Berufsschulbesuch eines minderjährigen Auszubildenden?

8. ☐ a) BBiG

   ☐ b) Jugendschutzgesetz

   ☐ c) Jugendarbeitsschutzgesetz

   ☐ d) Arbeitsplatzschutzgesetz

Verläuft die Ausbildung in allen Ländern der EU gleich?

9. ☐ a) Ja, innerhalb der EU Staaten ist ein Ausbildungsberuf immer gleich aufgebaut.

   ☐ b) Nein, es gibt verschiedene Systeme für Ausbildungsberufe innerhalb der EU.

Welches Gesetz regelt die Berufsausbildung?

10. ☐ a) Das Berufsbildungsgesetz

☐ b) Das Betriebsverfassungsgesetz

☐ c) Die Ausbildungsordnung

Was ist das Ziel der Abschlussprüfung?

11. ☐ a) Die Ausbildung abzuschließen.

☐ b) Die nötigen Kenntnisse, Fertigkeiten und Fähigkeiten zu besitzen.

☐ c) Im Ausbildungsberuf eine Anstellung zu finden.

Was versteht man unter überbetrieblicher Ausbildung?

12. ☐ a) In der überbetrieblichen Ausbildung wechseln die Auszubildenden regelmäßig die Betriebe, damit alle Fähigkeiten vermittelt werden können.

☐ b) In der überbetrieblichen Ausbildung werden in einer Einrichtung abseits des Betriebes ausbildungsrelevante Fähigkeiten vermittelt, damit die Ausbildung abgeschlossen werden kann.

☐ c) In der überbetrieblichen Ausbildung findet die gesamte Ausbildung ohne einen Betrieb statt.

Was geschieht bei einem Verweis von der Schule mit der Ausbildung im Betrieb?

13. ☐ a) Die Ausbildung ist ebenfalls sofort beendet.

☐ b) Der Auszubildende muss sich schnellstmöglich eine andere Berufsschule suchen die ihn aufnimmt.

☐ c) Die Ausbildung läuft wie gewohnt weiter.

Kann man in der Berufsschule sitzenbleiben?

14. ☐ a) Nur, wenn man das Ausbildungsjahr wiederholt, wiederholt man auch das Berufsschuljahr

☐ b) Ja, unabhängig von der Ausbildung im Betrieb

☐ c) Nein, man fährt immer mit dem nächsten Jahr der Berufsschule fort

Welche Rechtsgrundlagen gelten für die Berufsschule?

15. ☐ a) Der Rahmenlehrplan

☐ b) Der Ausbildungsrahmenplan

☐ c) Die Richtlinien der einzelnen Fächer

☐ d) Das Berufsbildungsgesetz

Welche Teile müssen laut BBiG im Berufsausbildungsvertrag enthalten sein?

16. ☐ a) Dauer der regelmäßigen wöchentlichen Arbeitszeit

☐ b) Kündigungsvoraussetzungen

☐ c) Beginn und Dauer der Berufsausbildung

☐ d) Abkommen über Nebentätigkeiten während der Ausbildung

☐ e) Urlaubsvereinbarungen

☐ f) Pflichten des Auszubildenden

Welche Pflichten hat ein Auszubildender laut Ausbildungsvertrag?

17. ☐ a) Besuch der Berufsschule

☐ b) Weisungen folge Leisten

☐ c) Sein Berichtsheft außerhalb der Arbeitszeit zu führen

Was gilt für die Probezeit?

18. ☐ a) Sie ist frei von gesetzlichen Regelungen

☐ b) Sie kann maximal 4 Monate betragen.

☐ c) Sie kann maximal 6 Monate betragen.

☐ d) Auf eine Probezeit kann verzichtet werden

Kann eine Ausbildung vor Ausbildungsbeginn gekündigt werden?

19. ☐ a) Ja, aber nur vom Ausbildenden

☐ b) Nein, von keiner Partei, erst ab dem ersten Tag der Ausbildung

☐ c) Ja, von beiden Parteien

☐ d) Ja, aber nur vom Auszubildenden

Welche Definition von "Werktag" ist im BUrlG angegeben?

20. ☐ a) Alle Tage außer Sonn- und Feiertage

☐ b) Alle Tage von Montag bis Samstag

☐ c) Alle Tage des Jahres

☐ d) Alle Tage von Montag bis Freitag

4.9 Lösungen: Das duale Ausbildungssystem

Aufgabe	Lösung	Aufgabe	Lösung	Aufgabe	Lösung
1.	a)	2.	b)	3.	a)
4.	b)	5.	a)	6.	b), d)
7.	b)	8.	a), c)	9.	b)
10.	a)	11.	b)	12.	b)
13.	b)	14.	a)	15.	a), c), d)
16.	b), c), e)	17.	a), b)	18.	b)
19.	c)	20.	a), b)		

Lösungen der Auswahl-Fragen.

5 Preisbildung und Wettbewerb

Welche Definition von "Werktag" ist im BUrlG angegeben?

5.1 Test: Preisbildung - Angebot und Nachfrage

Das **Prinzip von Angebot und Nachfrage** besteht darin, dass **Produkte und Dienstleistungen nur dann bereitgestellt werden, wenn jemand bereit ist, sie zu kaufen.** Mit Übungen und Aufgabe auf verschiedenen einschlägigen Portalen im Internet kannst du dich auf die Prüfung vorbere ten.

5.1.1 Angebot und Nachfrage einfach erklärt

In der **schriftlichen und in der mündlichen Abschlussprüfung bei der IHK kann eine Erklärun zu Angebot und Nachfrage gefordert werden**. Zu den IHK Aufgaben gehört häufig auch ei repräsentatives Beispiel. Ein solches Beispiel kannst du aus dem Unternehmen verwenden, i dem du deine Ausbildung absolvierst. Es ist dann **praxisbezogen.**

5.1.2 Definition von Angebot und Nachfrage

Für die Prüfung vor der IHK solltest du die **Definition** von Angebot und Nachfrage kennen. Da ist die **Definition für das Angebot:**
  Das Angebot ist die Menge der vorhandenen Güter und Dienstleistungen am Markt. Die **Def nition der Nachfrage** lautet:
  Die Nachfrage ist die Absicht von Unternehmen oder Privatpersonen, diese Güter und Dienst leistungen gegen Geld oder im Tausch gegen andere Waren zu erwerben. Ein Beispiel für da Angebot können die Produkte oder Dienstleistungen deines Unternehmens, in dem du beschät tigt bist, sein.

5.1.3 Angebot, Nachfrage und Preis

In der **freien Marktwirtschaft regeln die Nachfragen den Gleichgewichtspreis**, der sich bei einer Übereinstimmung von Angebot und Nachfrage einstellt. In der Regel ist jedes Produkt und jede Dienstleistung, die ihren Preis hat, nur begrenzt verfügbar. Der Wert eines Gutes oder einer Dienstleistung wird durch den Preis bestimmt. Ist der Preis zu hoch, sinkt die Nachfrage nach einem Gut. Eine Ausnahme bilden Luxusgüter, da sie als Statussymbole dienen und die Nachfrage bei einem hohen Preis sogar noch steigen kann.

5.1.4 Das Zusammenspiel von Angebot und Nachfrage

In der schriftlichen, aber auch in der mündlichen Abschlussprüfung kommt es auf das **Verständnis von Angebot und Nachfrage** an. Du musst daher das **Zusammenspiel der beiden Faktoren erläutern** und möglichst mit einem Beispiel untermauern. Angebot und Nachfrage beeinflussen sich gegenseitig und wirken sich auch auf die Preise aus. Steigt die angebotene Menge und bleibt die Nachfrage gleich, sinkt der Preis. Sinkt das Angebot und ist die Nachfrage gleichbleibend, steigt der Preis.

5.1.5 Faktoren, die sich auf die Nachfrage auswirken

Zu den **IHK Aufgaben zu Angebot und Nachfrage kann die Nennung der Faktoren** gehören, die **sich darauf auswirken**. Du solltest dich daher mit diesen Faktoren in den Übungen online beschäftigen.
Die **Nachfrage** kann durch verschiedene Faktoren beeinflusst werden:

- Preis des nachgefragten Gutes, beispielsweise Preis für weiße Sneaker
- Preis der anderen angebotenen Güter, z. B. Preise für alle anderen Schuhe im Laden
- Einkommen der Käufer (Käufer mit niedrigem, mittlerem und hohem Einkommen)
- Struktur der Bedürfnisse und Zukunftserwartungen der Käufer (Käufer mit niedrigem Einkommen, die sich preiswerte Schuhe wünschen, stehen Käufern mit höherem Einkommen gegenüber, die bereit sind, für qualitativ hochwertige und modische Schuhe mehr Geld auszugeben
- Kreditmöglichkeiten und Kreditvermögen der Käufer (Möglichkeit, einen Bankkredit aufzunehmen, abhängig von der Bonität)

5.1.6 Faktoren, die sich auf das Angebot auswirken

Auch das **Angebot** wird von verschiedenen Faktoren beeinflusst, die du bei der Prüfung kennen solltest:

Preisbildung und Wettbewerb

- Zahl der Hersteller oder Verkäufer
- Preis als maßgeblicher Bestimmungsfaktor
- Herstellungskosten und zusätzliche Steuern
- Technologie, die sich auf die Kosten auswirkt
- Preise anderer Waren

Für diesen Test hast Du insgesamt 10 Minuten Zeit.

Tipp: Oft zielen die Tests darauf ab, zu beobachten, ob Du auch unter Zeitdruck und Stress konzentriert und genau arbeiten kannst. Lass Dich also nicht aus der Ruhe bringen!

Halte Dich nicht zu lange bei einer Aufgabe auf, die Du nicht verstehst. Überspringe und markiere Dir diese und schau am Ende, wenn Du noch genug Zeit hast, einmal drüber.

WAS IST ZU TUN?

Teste hier Dein Wissen zum Thema Preisbildung, je Frage gibt es eine richtige Antwort.

1. Welche der folgenden Aussagen ist richtig?

    - a) Bedarf ist ein Bedürfnis, das mit Kaufkraft ausgestattet ist
    - b) Bei der Nachfrage handelt es sich um Bedürfnisse, für deren Befriedigung Geld vorhanden ist
    - c) Der Bedarf ist stets größer als die Bedürfnisse
    - d) Angebot und Nachfrage müssen stets übereinstimmen

    Wovon hängt die Nachfrage nach einem Gut ab?

2.
    - a) vom Angebot der verfügbaren Güter
    - b) vom Preis des nachgefragten Gutes
    - c) von den verfügbaren Luxusgütern, die mit dem nachgefragten Gut vergleichbar sind

    Welche der Aussagen ist richtig?

3.
- a) Ist die Nachfrage hoch, sind die Preise niedrig
- b) Eine hohe Nachfrage bedeutet hohe Preise für das nachgefragte Gut
- c) Die Nachfrage steigt, wenn die Preise steigen
- d) Ist das Angebot groß, steigt die Nachfrage

Was ist ein Bedürfnis?

4.
- a) ein Mangel an Bedarf
- b) ein Mangel an Nachfrage
- c) ein Mangelempfinden, das es zu überwinden gilt
- d) der Bedarf eines Menschen

Wo treffen Angebot und Nachfrage zusammen?

5.
- a) im Bedarf
- b) im Unternehmen
- c) im Bedürfnis
- d) auf dem Markt

Leon und Markus wollen sich weiße Sneaker kaufen. Nur Leon bekommt welche, während Markus leer

ausgeht. Welche Aussage trifft auf diesen Sachverhalt zu?

6.
- a) Das Angebot ist größer als die Nachfrage
- b) Die Nachfrage ist größer als das Angebot
- c) Angebot und Nachfrage stimmen überein
- d) Angebot und Nachfrage spielen keine Rolle

In welchem Fall handelt es sich um eine Nachfrage?

Preisbildung und Wettbewerb

7.
   - a) Lena würde gerne ein Stück Kuchen essen und könnte es sich von ihrem Taschengeld kaufen
   - b) Lena würde gerne ein Stück Kuchen essen, doch reicht ihr Taschengeld nicht aus
   - c) Lena bietet Kuchen zum Verkauf an
   - d) Lena kauft sich von ihrem Taschengeld ein Stück Kuchen

   Welche Aussage ist falsch?

8.
   - a) Auf dem Markt treffen Bedarf und Nachfrage zusammen
   - b) Der Bedarf ist ein mit Kaufkraft ausgestattetes Bedürfnis
   - c) Auf dem Markt treffen Angebot und Nachfrage zusammen
   - d) Ein Bedürfnis ist ein Mangelempfinden, das es zu überwinden gilt

   Bei welcher Aussage handelt es sich um ein Angebot?

9.
   - a) Julian bietet Kuchen zum Verkauf an, um sein Taschengeld aufzubessern
   - b) Julian kauft sich von seinem Taschengeld ein Stück Kuchen
   - c) Julian überlegt, ob er sein Taschengeld mit dem Verkauf von Kuchen aufbessern kann
   - d) Julian würde gerne ein Stück Kuchen kaufen, doch sein Taschengeld reicht nicht

   Die neue Kollektion an Damenblusen einer Modemarke wird nicht so gut wie erwartet angenommen.

   Welcher Sachverhalt liegt vor?

10.
    - a) Angebot und Nachfrage sind gleich
    - b) Der Preis ist zu niedrig
    - c) Das Angebot ist größer als die Nachfrage
    - d) Die Nachfrage ist größer als das Angebot

    Da sich die neue Kollektion an Damenblusen nicht gut verkauft, muss der Handel reagieren. Wie reagiert er?

Preisbildung und Wettbewerb

11. ○ a) Die Preise werden reduziert

    ○ b) Die Preise werden erhöht

    ○ c) Die Preise bleiben gleich

    ○ d) Das Angebot wird vergrößert

    Die neue Kollektion Jeans verkauft sich so gut, dass der steigenden Nachfrage nicht nachgekommen

    werden kann. Mit welcher Preispolitik kann der Hersteller reagieren?

12. ○ a) Die Preise werden reduziert

    ○ b) Die Preise bleiben gleich

    ○ c) Die Preise werden erhöht

    ○ d) Die Jeans werden aus dem Handel genommen

    Wie wirkt sich eine Monopolstellung eines Unternehmens auf ein Angebot aus?

13. ○ a) Das Angebot ist groß

    ○ b) Das Angebot ist begrenzt

    ○ c) Die Monopolstellung hat keinen Einfluss

    ○ d) Das Angebot wird erweitert

    Wie kann sich eine Preiserhöhung bei Handtaschen aus dem Luxussegment auswirken?

14. ○ a) Die Nachfrage bleibt gleich

    ○ b) Die Nachfrage geht zurück

    ○ c) Die Nachfrage steigt

    ○ d) Das Angebot steigt

    Wie kann sich eine Preiserhöhung bei Regenjacken (mittleres Preissegment) auswirken?

15. ○ a) Die Nachfrage steigt

    ○ b) Die Nachfrage geht zurück

    ○ c) Das Angebot wird vergrößert

    ○ d) Die Nachfrage bleibt gleich

    Wie wirkt sich ein steigendes Angebot bei gleichbleibender Nachfrage auf den Preis aus?

16. ○ a) Der Preis sinkt

    ○ b) Der Preis bleibt gleich

    ○ c) Der Preis steigt

    ○ d) Das Angebot hat keinen Einfluss auf den Preis

    Wie wirkt sich ein Rückgang der Nachfrage bei gleichbleibendem Angebot auf den Preis aus?

17. ○ a) Der Preis bleibt gleich

    ○ b) Der Preis wird durch den Rückgang der Nachfrage nicht beeinflusst

    ○ c) Der Preis steigt

    ○ d) Der Preis sinkt

    Die Kaffee-Ernte fiel aufgrund schlechter Witterungsbedingungen außerordentlich schlecht aus. Wie

    wirkt sich das auf den Kaffeepreis aus?

18. ○ a) Der Kaffeepreis fällt

    ○ b) Der Kaffeepreis bleibt gleich

    ○ c) Der Kaffeepreis steigt

    ○ d) Der Kaffeepreis wird nicht beeinflusst

    Da die Orangenernte schlecht ausfiel, werden die Preise für Orangen erhöht. Wie wirkt sich das auf

    die Nachfrage aus?

19. ○ a) Die Nachfrage geht zurück
    ○ b) Die Nachfrage bleibt gleich
    ○ c) Die Nachfrage wird nicht beeinflusst
    ○ d) Die Nachfrage steigt

    Warum kann die Nachfrage nach Luxusgütern steigen, wenn der Preis steigt?

20. ○ a) Da sich Luxusgüter schlecht verkaufen
    ○ b) Da es sich bei Luxusgütern um Statussymbole handelt
    ○ c) Da die Nachfrage nach Luxusgütern groß ist
    ○ d) Da die Nachfrage nach Luxusgütern nur gering ist

5.2 Lösungen: Preisbildung - Angebot und Nachfrage

Aufgabe	Lösung	Aufgabe	Lösung	Aufgabe	Lösung
1.	a)	2.	b)	3.	b)
4.	c)	5.	d)	6.	b)
7.	d)	8.	a)	9.	a)
10.	c)	11.	a)	12.	c)
13.	b)	14.	c)	15.	b)
16.	a)	17.	d)	18.	c)
19.	a)	20.	b)		

Lösungen der Auswahl-Fragen.

6 Steuern

Warum kann die Nachfrage nach Luxusgütern steigen, wenn der Preis steigt?

6.1 Test: Kaufmännische Steuerung und Kontrolle

Für diesen Test hast Du insgesamt 10 Minuten Zeit.

Tipp: Oft zielen die Tests darauf ab, zu beobachten, ob Du auch unter Zeitdruck und Stress konzentriert und genau arbeiten kannst. Lass Dich also nicht aus der Ruhe bringen!

Halte Dich nicht zu lange bei einer Aufgabe auf, die Du nicht verstehst. Überspringe und markiere Dir diese und schau am Ende, wenn Du noch genug Zeit hast, einmal drüber.

⯈ WAS IST ZU TUN?

Teste hier Dein Wissen zum Thema Kaufmännische Steuerung und Kontrolle. Je Frage gibt es eine richtige Antwort.

1. Ein Gewinn- und Verlustkonto (GuV) weist einen Saldo als Gewinn aus. Wie lautet der Buchungssatz für den Gewinn?

    ○ a) GuV an Eigenkapital

    ○ b) GuV an Schlussbilanzkonto

    ○ c) Eigenkapital an GuV

    ○ d) GuV an Erlöse

    Die kaufmännische Steuerung und Kontrolle umfasst nicht...

2.
- a) ...Inventuren.
- b) ...Auswertung von Bilanzen.
- c) ...Kosten- und Leistungsrechnung.
- d) ...Erfassung von Kundenbestellungen.

Bei welcher der folgenden Tätigkeiten handelt es sich um kaufmännische Steuerung und Kontrolle?

3.
- a) Auswertung der Inventur
- b) Erfassung einer Kundenbestellung
- c) Unterbreitung eines Angebots an einen Kunden
- d) Bearbeitung einer Kundenreklamation

In einer Bilanz werden Verbindlichkeiten ausgewiesen, deren Höhe und Fälligkeit zum Jahresabschluss nicht genau feststehen.

Wie werden diese Verbindlichkeiten bezeichnet?

4.
- a) Rückstellungen
- b) aktive Rechnungsabgrenzungsposten
- c) passive Rechnungsabgrenzungsposten
- d) kurzfristige Verbindlichkeiten

Welcher Geschäftsfall führt in einer Bilanz zu einer Aktiv-Passiv-Mehrung?

5.
- a) Eine Hypothek wird durch Banküberweisung getilgt.
- b) Ein Kauf eines Firmenwagens auf Ziel.
- c) Ein Kunde bezahlt eine Rechnung per Banküberweisung.
- d) Ein Tintendrucker wird gegen Barzahlung gekauft.

Was ist richtig, wenn es um Inventar und Bilanz geht?

6.
- a) Eine Bilanz muss laut Gesetz erstellt werden, während das Inventar durch körperliche Bestandsaufnahme im Belieben des Unternehmens steht.
- b) Das Inventar ist eine verkürzte Darstellung der aufgestellten Bilanz in T-Form.
- c) Das Inventar wird erst erstellt, wenn die Bilanz vorliegt.
- d) In der Bilanz sind nur die Gesamtwerte gleichartiger Vermögens- und Kapitalteile aus dem ausführlich gegliederten Inventar enthalten.

Ein Unternehmen vermietet Equipment für Konferenzräume. Welcher Geschäftsfall wird auf dem Konto Sonstige Forderungen gebucht?

7.
- a) Das Unternehmen erhält die Miete für Dezember und Januar erst im Januar.
- b) Das Unternehmen erhält die Miete für Januar und Februar erst Ende Januar.
- c) Das Unternehmen erhält die Miete für Dezember und Januar schon Anfang Dezember.
- d) Das Unternehmen zahlt die Dezember- und Januarmiete für seine Geschäftsräume schon im Dezember.

Um was für ein Konto handelt es sich beim Konto Umsatzsteuer?

8.
- a) Passives Bestandskonto
- b) Aktives Bestandskonto
- c) Ertragskonto
- d) Aufwandskonto

Wie werden Ausgaben in der Bilanz verbucht, die vor dem Bilanzstichtag anfallen, aber erst als Aufwand für das folgende Jahr gelten?

9.
- a) Rücklagen
- b) Rückstellungen
- c) als aktive Rechnungsabgrenzungsposten
- d) als passive Rechnungsabgrenzungsposten

Welche der folgenden Bilanzgleichungen ist falsch?

10.
- a) Summe Aktiva = Summe Passiva
- b) Anlagevermögen – Umlaufvermögen = Eigenkapital – Fremdkapital
- c) Bilanzsumme – Eigenkapital = Fremdkapital
- d) Bilanzsumme Aktiva – Anlagevermögen = Umlaufvermögen

Um was für ein Konto handelt es sich, wenn der Anfangsbestand im Haben steht?

11.
- a) Aufwandskonto
- b) Ertragskonto
- c) passives Bestandskonto
- d) aktives Bestandskonto

Welche Kosten gehören nicht zu den Distributionskosten?

12.
- a) Herstellungskosten
- b) Lagerhaltungskosten
- c) Transportkosten
- d) Auftragsabwicklungskosten

Wie wirkt sich eine aktive Rechnungsabgrenzung auf den Aufwand aus?

13.
- a) Der Aufwand der alten Rechnungsperiode wird vermindert.
- b) Der Aufwand der neuen Rechnungsperiode wird vermindert.
- c) Der Aufwand der alten Rechnungsperiode bleibt gleich.
- d) Der Aufwand der neuen Rechnungsperiode bleibt gleich.

In jedem Jahr führt ein Unternehmen zum 31. Dezember eine Inventur durch. Wie wird diese Inventur bezeichnet?

14.
- a) zeitlich verlegte Inventur
- b) permanente Inventur
- c) Stichtagsinventur
- d) Stichprobeninventur

Was trifft auf eine permanente Inventur zu?

15. ○ a) Die Erfassung der Vorratsbestände nach der Reihenfolge ihrer Lagerung.

   ○ b) Die Inventur an verschiedenen Tagen für verschiedene Vorratsgruppen.

   ○ c) Die Zählung der Vorratsbestände zum Stichtag.

   ○ d) Die laufende Bestandsermittlung durch Erfassung von Zu- und Abgängen

Irrtümlich wurde eine Banküberweisung eines Kunden als "Forderung einer Bank" gebucht.

Wie wirkt sich dieser Fehler aus?

16. ○ a) Auf die Bilanzsumme hat der Fehler keinen Einfluss.

   ○ b) Die Bilanzsumme ist zu niedrig.

   ○ c) Die Bilanzsumme ist zu hoch.

   ○ d) Der Saldo des Kontos Verbindlichkeiten ist zu niedrig.

Auf welchem Konto werden Provisionserträge gebucht?

17. ○ a) auf dem Schlussbilanzkonto

   ○ b) auf dem Eigenkapitalkonto

   ○ c) auf dem Gewinn- und Verlustkonto

   ○ d) auf dem Eigenkapitalkonto

Bei welchem Buchungssatz handelt es sich um eine Umbuchung?

18. ○ a) Verbindlichkeiten an Schlussbilanzkonto

   ○ b) Schlussbilanzkonto an Umsatzsteuer

   ○ c) Umsatzsteuer an Vorsteuer

   ○ d) Bankschulden an Schlussbilanzkonto

Bei welchem Posten handelt es sich um Umlaufvermögen?

19. ○ a) Bankschulden

   ○ b) Vorräte an Roh-, Hilfs- und Betriebsstoffen

   ○ c) Eigenkapital

   ○ d) Betriebs- und Geschäftsausstattung

   Auf welchem Konto erfolgt die Buchung des Arbeitgeberanteils zur Sozialversicherung im Soll?

20. ○ a) Gehälter

   ○ b) gesetzliche soziale Aufwendungen

   ○ c) freiwillige soziale Aufwendungen

   ○ c) Versicherungen

6.2 Lösungen: Kaufmännische Steuerung und Kontrolle

Aufgabe	Lösung	Aufgabe	Lösung	Aufgabe	Lösung
1.	a)	2.	d)	3.	a)
4.	a)	5.	b)	6.	d)
7.	a)	8.	a)	9.	c)
10.	b)	11.	c)	12.	a)
13.	a)	14.	c)	15.	d)
16.	a)	17.	c)	18.	c)
19.	b)	20.	b)		

Lösungen der Auswahl-Fragen.

6.3 Test: Mehrwertsteuer

Bei diesem speziellen Test für den Handel und Verkauf werden deine Fähigkeiten im Bezug auf Prozentrechnung, und Logik auf den Prüfstand gestellt.

Steuern

1. Ein Handwerker stellt für seine Dienstleistungen eine Rechnung über 2.975 EUR brutto aus. Wie hoch ist der Netto-Rechnungsbetrag?

   ○ a) 2.590 EUR

   ○ b) 2.500 EUR

   ○ c) 2.490 EUR

   ○ d) 2.400 EUR

   Frau Müller erhält eine Rechnung über 3.260,60 EUR. Die 19 % Mehrwertsteuer ist in diesem Preis bereits enthalten. Wie hoch ist die Mehrwertsteuer?

2. ○ a) 490 EUR

   ○ b) 520,60 EUR

   ○ c) 540,60 EUR

   ○ d) 620,60 EUR

   Für eine Musik-CD, welche im Laden 16,99 EUR kostet, fallen ...

3. ○ a) 2,71 EUR an MwSt. an.

   ○ b) 3,02 EUR an MwSt. an.

   ○ c) 1,11 EUR an MwSt. an.

   ○ d) 3,22 EUR an MwSt. an.

   Hannes möchte sich einen Rasenmäher kaufen. Ein Großhändler gibt aber nur die Nettopreise an. Wie viel muss Hannes für einen Rasenmäher im Wert von 580 EUR netto, inkl. MwSt. bezahlen?

4. ○ a) 690,20 EUR

   ○ b) 620,60 EUR

   ○ c) 672,80 EUR

   ○ d) 667 EUR

   Ein Fachhändler für Elektroartikel verlangte im letzten Monat von seinen Kunden in Summe eine Mehrwertsteuer in Höhe von 678.091 EUR. Welchen Nettoumsatz hat der Händler erzielt?

Steuern

5. ○ a) 3.568.900 EUR

   ○ b) 569.824 EUR

   ○ c) 806.928 EUR

   ○ d) 9.687.014,28 EUR

   Berechne den Nettopreis einer Kiste Orangen, wenn im gegebenen Bruttopreis von 19,99 EUR bereits 7 % Mehrwertsteuer enthalten sind.

6. ○ a) 18,90 EUR

   ○ b) 18,68 EUR

   ○ c) 18,70 EUR

   ○ d) 16,80 EUR

   Berechne den Nettopreis eines Fahrzeugs, wenn im gegebenen Bruttopreis von 12.000 EUR bereits 19 % Mehrwertsteuer enthalten sind.

7. ○ a) 11.214,95 EUR

   ○ b) 10.344.,83 EUR

   ○ c) 10.169,49 EUR

   ○ d) 10.084,03 EUR

   Berechne den Nettopreis eines Laptops, wenn im gegebenen Bruttopreis von 899 EUR bereits 19 % Mehrwertsteuer enthalten sind.

8. ○ a) 755,46 EUR

   ○ b) 761,86 EUR

   ○ c) 840,19 EUR

   ○ d) 775 EUR

   Berechne die Mehrwertsteuer von einem Kilo Äpfel, wenn der Bruttopreis 2,99 EUR beträgt.

Steuern

9. ○ a) 0,20 EUR

   ○ b) 0,48 EUR

   ○ c) 0,18 EUR

   ○ d) 0,53 EUR

   Du kaufst eine Handkreissäge für 150 €. Zu diesem Nettopreis kommen noch 19 % Mehrwertsteuer hinzu.

   Wie viel kostet die Handkreissäge insgesamt (brutto)?

10. Die Handkreissäge kostet brutto _____ €.

    Der Bruttopreis ist der Preis einer Ware oder Dienstleistung ...

11. ○ a) inkl. der Verkaufssteuer

    ○ b) inkl. der Umsatzsteuer

    ○ c) ohne der Verkaufssteuer

    ○ d) ohne der Mehrwertsteuer

    Welchen Bruttopreis muss der Einzelhändler für seine Smartphones verlangen, wenn er einen Nettopreis von 280 EUR / Stück erzielen möchte?

12. ○ a) 333,20 EUR

    ○ b) 330,40 EUR

    ○ c) 299,60 EUR

    ○ d) 324,80 EUR

    Welchen Bruttopreis muss der Obsthändler für seine Bananen verlangen, wenn er einen Nettopreis von 2,60 EUR / kg erzielen möchte?

13. ○ a) 2,89 EUR / kg

    ○ b) 2,78 EUR / kg

    ○ c) 3,09 EUR / kg

    ○ d) 3,07 EUR / kg

Berechne die Mehrwertsteuer von einem neuen Schreibtisch, wenn der Bruttopreis 149,50 EUR beträgt.

14. ○ a) 23,87 EUR

○ b) 28,41 EUR

○ c) 26,55 EUR

○ d) 9,78 EUR

Die MwSt. (19%) für 10 Streifen Kaugummi beträgt 0,38€.

Wie hoch ist der Preis netto (ohne MwSt.)?

15.   10 Streifen Kaugummi kosten netto _____ €.

6.4 Lösungen: Mehrwertsteuer

Aufgabe	Lösung	Aufgabe	Lösung	Aufgabe	Lösung
1.	b)	2.	b)	3.	a)
4.	a)	5.	a)	6.	b)
7.	d)	8.	a)	9.	a)
11.	b)	12.	a)	13.	b)
14.	a)				

Lösungen der Auswahl-Fragen.

Aufgabe	Lösung
10.	Die Handkreissäge kostet brutto $\begin{bmatrix} 178,50 \end{bmatrix}$ €.
15.	10 Streifen Kaugummi kosten netto $\begin{bmatrix} 2,00 \\ 2,00 \end{bmatrix}$ €.

Lösungen der Text-Aufgaben.

7 Volkswirtschaftliche Gesamtrechnung

Die MwSt. (19%) für 10 Streifen Kaugummi beträgt 0,38€.

Wie hoch ist der Preis netto (ohne MwSt.)?

7.1 Test: Einflussgrößen Wirtschaft

Die MwSt. (19%) für 10 Streifen Kaugummi beträgt 0,38€.

Wie hoch ist der Preis netto (ohne MwSt.)?

1. Wie werden höchster und niedrigster Punkt des wirtschaftlichen Konjunkturzyklus genannt?

    ☐ a) Boom und Depression

    ☐ b) Hausse und Baisse

    ☐ c) Inflation und Deflation

    ☐ d) Prozession und Rezession

    ☐ e) Zenit und Nadir

    Welche der folgenden Maßnahmen eines Staates eignen sich zur marktkonformen Förderung der Stabilität und des Wachstums der Wirtschaft eines Landes?

2. ☐ a) Lohnstopp

    ☐ b) Preisstopp

    ☐ c) Steuererleichterungen

    ☐ d) Mindestpreise

    ☐ e) Investitionsförderungen

Volkswirtschaftliche Gesamtrechnung

Welche der unten stehenden Aussagen zum "magischen Viereck" trifft zu?

3. ☐ a) An der Wirtschaftspolitik sind drei Bundesministerien und die Bundesbank beteiligt. Diese vier wirtschaftspolitischen Instanzen werden als "magisches Viereck" bezeichnet.

   ☐ b) Es ist unmöglich, alle wirtschaftspolitischen Ziele gleichzeitig zu verwirklichen. Aus diesen Gründen spricht man bei den Zielen des Stabilitätsgesetzes von einem "magischen Viereck".

   ☐ c) Inflation, Deflation, Unterbeschäftigung und Überbeschäftigung bilden als Problemfelder das "magische Viereck" der Wirtschaftspolitik.

In welcher konjunkturellen Phase ist mit einer zunehmenden Sparneigung zu rechnen?

4. ☐ a) Aufschwung (Expansion)

   ☐ b) Hochkonjunktur (Boom)

   ☐ c) Abschwung (Rezession)

   ☐ d) Tiefstand (Depression)

In welcher konjunkturellen Phase ist mit einem Stillstand privater Investitionen zu rechnen?

5. ☐ a) Aufschwung (Expansion)

   ☐ b) Hochkonjunktur (Boom)

   ☐ c) Abschwung (Rezession)

   ☐ d) Tiefstand (Depression)

In welcher konjunkturellen Phase ist mit einer Abnahme des Steueraufkommens durch sinkende Gewinne zu rechnen?

6. ☐ a) Aufschwung (Expansion)

   ☐ b) Hochkonjunktur (Boom)

   ☐ c) Abschwung (Rezession)

   ☐ d) Tiefstand (Depression)

In welcher konjunkturellen Phase ist mit einem hohen Preisniveau zu rechnen?

Volkswirtschaftliche Gesamtrechnung

7. ☐ a) Aufschwung (Expansion)

   ☐ b) Hochkonjunktur (Boom)

   ☐ c) Abschwung (Rezession)

   ☐ d) Tiefstand (Depression)

   In welcher konjunkturellen Phase ist mit einem steigenden Volkseinkommen zu rechnen?

8. ☐ a) Aufschwung (Expansion)

   ☐ b) Hochkonjunktur (Boom)

   ☐ c) Abschwung (Rezession)

   ☐ d) Tiefstand (Depression)

   In welcher konjunkturellen Phase ist mit einem Absatzstau und hohen Lagerbeständen zu rechnen?

9. ☐ a) Aufschwung (Expansion)

   ☐ b) Hochkonjunktur (Boom)

   ☐ c) Abschwung (Rezession)

   ☐ d) Tiefstand (Depression)

   In welcher konjunkturellen Phase ist mit einer steigenden Kapazitätsauslastung zu rechnen?

10. ☐ a) Aufschwung (Expansion)

    ☐ b) Hochkonjunktur (Boom)

    ☐ c) Abschwung (Rezession)

    ☐ d) Tiefstand (Depression)

7.2 Lösungen: Einflussgrößen Wirtschaft

Aufgabe	Lösung	Aufgabe	Lösung	Aufgabe	Lösung
1.	a)	2.	c), e)	3.	b)
4.	c)	5.	d)	6.	c)
7.	b)	8.	a)	9.	d)
10.	a)				

Lösungen der Auswahl-Fragen.

8 Der Betrieb

In welcher konjunkturellen Phase ist mit einer steigenden Kapazitätsauslastung zu rechnen?

8.1 Die Struktur des Berufsbildungssystems

Das Berufsbildungssystem in Deutschland setzt sich aus zwei Teilen zusammen. Charakteristisch für die duale Ausbildung sind die Ausbildungsbetriebe und die Berufsschulen. Zusätzlich haben die zuständigen Stellen wie IHK und die jeweiligen Handwerkskammern die Aufgabe Ausbildungsinhalte festzulegen, deren Einhaltung zu kontrollieren und den Ausbildungserfolg zu überprüfen.

Die Ausbildungsbetriebe sind verantwortlich für die Vermittlung von Fähigkeiten, Kenntnissen und Fertigkeiten an den oder die Auszubildende. Hier sollen hauptsächlich praktische Grundlagen gelehrt werden, die gemäß Ausbildungsordnung und Ausbildungsrahmenplan zu den Inhalten der Berufsausbildung zählen. Auch die Förderung der Fähigkeiten zum selbstständigen Arbeiten, des Verantwortungsbewusstseins und des Charakters sind Aufgaben des Ausbildungsbetriebs.

Die Vermittlung theoretischer Aspekte obliegt den Berufsschulen. Im Idealfall haben Schule und Betriebe sich abzustimmen, damit eine nahtlose Verknüpfung von Theorie und Praxis gewährleistet ist.

Durch diese Kombination und das Ineinandergreifen der beiden Instanzen lassen sich Lerninhalte optimal und maximal nachhaltig im Gedächtnis des Auszubildenden verankern.

Leitfaden für deine digitalen Inhalte

Anleitungen, Informationen, Tipps & Tricks

ANMELDUNG

Kauf über die Plakos Akademie Homepage

Du bekommst nach Kaufabschluss eine E-Mail mit den Zugangsdaten zum Mitgliederbereich (Online Lerninhalte). Die Zugangsdaten kannst du sowohl in unserer Web-Oberfläche, als auch in unserer App nutzen. Als Plakos Akademie Mitglied musst du für Inhalte in unseren Apps nicht extra zahlen.

Kauf außerhalb der Plakos Akademie z.B. Amazon, Hugendubel etc.

1a. Scanne den QR-Code um direkt zum Registrierungsformular zu kommen

1b. Oder gib die folgende URL in die Adresszeile ein:
https://kurse.plakos-akademie.de/registrierung-kurs-pruefungsvorbereitung-industriekaufleute/

2. Fülle das Formular mit deinen Daten und gebe unter „Zugangscode" den folgenden Code ein:

induspruIFTUR

3. Klicke auf „Registrieren".

4. Du kannst dich nun mit den gerade eingegebenen Daten in der Plakos Akademie anmelden.

Link zum Mitgliederbereich:
https://web.plakos-akademie.de

Link zur passenden App:
https://plakos-akademie.de/kundenservice-apps/

 **MEIN PROFIL**

Unter „Mein Profil" findest du alle relevanten Informationen zu deinem Account. Du kannst dort:
- Deine persönlichen Daten verwalten
- Bilder und Informationen über deine Person hinzufügen

 MEINE KURSE

Unsere Kurse haben immer den gleichen Aufbau. Ein Kurs besteht aus mehreren Lektionen, diese wiederum aus einzelnen Themen und Tests.
Über den Reiter "Meine Kurse" im Menü rechts oben kommst du zu deiner Kursübersicht. Dort siehst du alle Kurse, die für dich freigeschaltet sind. Je nach Paket können das mehrere oder auch nur ein Kurs sein. Im Kurs bekommst einen Überblick zu den Lernzielen, Lerninhalten und der Dauer des Kurses.

NAVIGATION

Falls du mit einem bestimmten Thema beginnen möchtest, navigiere über die Hauptnavigation links zum gewünschten Inhalt. Über den "Weiter"-Button unten rechts kannst du direkt mit deiner nächsten Lerneinheit beginnen. Die Hauptnavigation lässt sich auf und zuklappen, sodass dein Fokus immer auf dem Lerninhalt liegt.

Zur besseren Übersicht erhältst du über der Überschrift einen Navigationspfad zu dem Thema, welches du gerade aufgerufen hast. Dort kannst du zu den übergeordneten Inhalten springen.

Weiterhin kannst du unsere Suche zum Durchsuchen von passenden Kursinhalten verwenden.

KURSFORTSCHRITT

Sobald du mit dem Lernen eines Themas fertig bist, kannst du über den "Fertig"-Button das Thema abschließen. Dein Kurslevel steigt dadurch und du näherst dich deinem Ziel zum wahren Profi aufzusteigen.

MERKZETTEL

Du möchtest gewisse Fragen aus einem Test abspeichern, damit du diese nicht nur schnell wiederfindest, sondern auch gesammelt ein weiteres Mal bearbeiten kannst? In diesem Fall empfehlen wir dir die "Merkzettel"-Funktion.

Hast du Fragen zum Merken markiert, erscheint die entsprechende "Merkzettel-Box" mit deinem neuen Test (Kurs-Test "Merkzettel"), der ausschließlich die gespeicherten Fragen enthält. (Hinweis: Je Kurs kannst du dir einen eigenen Merkzettel einrichten).

FEEDBACK

Bei Fragen zu unseren Tests kannst du uns direkt Feedback geben, wenn du auf die Sprechblase rechts neben der Frage im Fragenübersichtsbereich am Ende des Tests klickst. Es öffnet sich daraufhin ein Dialogfeld, in dem du deine Frage oder dein Feedback genauer beschreiben kannst. Wenn du deine E-Mail Adresse hinterlässt, melden wir uns in der Regel innerhalb von 24h bei dir.

ANSPRECHPARTNER UND SUPPORT

Falls du noch Fragen hast, scanne den QR-Code oder gib die folgende URL in die Adresszeile ein: **https://plakos-akademie.de/kundenservice/**, um auf unsere FAQ Seite zu gelangen.

Wenn du weitere Hinweise hast oder Hilfe benötigst, kannst du dich per Mail unter **support@plakos.de** oder per Chat über unsere Homepage an uns wenden. Wir antworten dir in der Regel innerhalb von 24h auf deine Anfrage. Bitte bedenke, dass die Antwortzeit am Wochenende oder an Feiertagen länger ausfallen kann.

Unsere Betreuungszeiten: Mo. - Fr. von 9 - 15 Uhr

TIPPS FÜR EIN OPTIMALES LERNEN

Vermeide die folgenden drei Lernfehler:

Lernfehler 1: Aufschieberitis (= Hinausschieben des Lernbeginns). Stattdessen solltest du rechtzeitig mit deiner Vorbereitung beginnen, also spätestens drei Wochen vor dem Prüfungstermin.

Lernfehler 2: Bulimie-Lernen (wenige Tage vor dem Test versuchen, den ganzen Stoff aufzunehmen). Stattdessen solltest du dich in kleinen Schritten vorbereiten – zum Beispiel 30 Minuten täglich in deine Vorbereitung investieren.

Lernfehler 3: Mangelnder Ausgleich. Achte darauf, dass du dir genug Auszeiten vom Lernen nimmst! Bewegung an der frischen Luft, zum Beispiel ein täglicher 30-minütiger Spaziergang, ist sehr hilfreich.
Vermeide gedankliches Multitasking und fokussiere dich beim Lernen ausschließlich auf die Aufgaben.

Wenn du Aufgaben übst, legst du am besten dein Smartphone weg, schaltest es auf stumm oder direkt aus.

Wenn du zu lange am Schreibtisch sitzt, verkrampft dein Körper, deine Gedanken schweifen ab und deine geistige Aufnahmefähigkeit schwindet. Stehe demnach zwischendurch auf, mache Dehnübungen oder kleinere Spaziergänge. Baue genügend Erholungsphasen in deinen Alltag mit ein.

Vermeide Zuckerbomben wie Süßigkeiten, denn diese lassen dich schneller ermüden und führen zum Konzentrationsabfall. Greife stattdessen lieber zu „Brain Food", wie Nüsse oder Äpfel.

Achte auf eine regelmäßige Zufuhr von komplexen Kohlenhydraten, zum Beispiel durch ein nahrhaftes Frühstück, etwa mit Haferflocken oder einem Vollkornbrot.

Schreibe nach dem Lernen auf, was du heute alles geübt hast (welche Lektionen und Aufgaben), welche Erkenntnisse du daraus gezogen hast und welche Aufgaben gut sowie welche eher mäßig gelaufen sind. Führe quasi ein Lerntagebuch um deinen Fortschritt festzuhalten.

Printed in Poland
by Amazon Fulfillment
Poland Sp. z o.o., Wrocław

25253546R00076